En quête de sens et d'harmonie

Croire en soi, s'ouvrir aux autres et prendre sa place grâce à l'hédoperformance

Groupe Eyrolles
61, bd Saint-Germain
75240 Paris Cedex 05

www.editions-eyrolles.com

Avec la collaboration d'Alice Breuil

© Groupe Eyrolles, 2017
ISBN : 978-2-212-56771-7

Anne-France Wéry et Christiane Thiry

En quête de sens et d'harmonie

Croire en soi, s'ouvrir aux autres
et prendre sa place grâce
à l'hédoperformance

EYROLLES

Sommaire

La sphère de la relation : m'ouvrir aux autres

La sphère du système : prendre ma place

PROPOSITION FINALE

L'interreliance ou comment relier les trois sphères

Introduction

Choix de vie à définir, équilibre à trouver, vivre-ensemble à fluidifier, jeux de pouvoir à dénouer, deuils à dépasser… Les événements de notre existence nous font vivre de grandes crises de sens, des questions existentielles profondes qui peuvent donner le vertige, l'inquiétude, le sentiment d'impuissance ou de colère. Aujourd'hui, bon nombre d'entre nous éprouvent le sentiment de ne pas vivre en cohérence avec leurs valeurs, de ne pas être pleinement eux-mêmes, et aspirent à donner du sens à leur vie plutôt qu'à la gagner. Isolés les uns des autres par une société qui prône la compétition et la lutte pour la réussite, qui entretient le culte du moi tout-puissant, du *self made man*, nous avons soif d'un nouveau paradigme fondé sur notre besoin de lien et d'humanité.

Dans ce livre, nous vous convions à un voyage intérieur dont l'objectif est de vous aider à baliser votre propre route et à vous guider dans votre quête d'authenticité et de cohérence, à travers des itinéraires de sens articulés autour d'un néologisme, l'hédoperformance, qui allie plaisir et performance. Créée par Anne-France Wéry, l'hédoperformance part de la conviction que nous sommes bien dans nos vies quand nos vies nous font du bien. Et elles nous font du bien quand elles répondent à nos besoins essentiels : croire en nous, nous ouvrir aux autres et prendre notre place. L'hédoperfomance vise à ce que chacun puisse trouver sa cohérence, être acteur de sa vie. Il s'agit de passer de la reconnaissance du « faire » à la reconnaissance d'« être ». Fini de se consumer dans une course à une performance toxique qui mène à vivre à côté de soi. L'hédoperformance invite au respect de l'alignement de soi à soi, de soi à ses relations et sa confiance aux autres, de soi à sa place dans les différents systèmes (familial, professionnel, amical, associatif…), afin d'y vivre du sens, de la profondeur, de l'intensité.

Être hédoperformant, c'est trouver notre paix intérieure par notre cohérence, pour révéler qui nous sommes. Bien sûr, des épreuves, des contraintes, des échecs peuvent se mettre sur notre route. Il ne s'agit pas de les balayer ni de les nier. Par l'hédoperformance, nous pouvons les vivre de manière plus ajustée, en ouvrant des pistes de choix plutôt qu'en subissant et en reproduisant les mêmes schémas. Sens, amour inconditionnel, confiance, fluidité sont parmi les objectifs de l'hédoperformance.

Les itinéraires de sens proposés ici s'articulent donc autour des trois dynamiques interreliées de l'hédoperformance : la dynamique du moi (la connaissance de soi, de son potentiel, de ses limites et de ses freins), la dynamique de l'autre (la relation à l'autre, la confiance) et la dynamique du système (la manière avec laquelle nous prenons place dans notre famille, notre équipe, notre entreprise, nos réseaux…). Elles forment le fil de notre cohérence et constituent le squelette de cet ouvrage, rythmé par des témoignages, des exercices et des questions ouvertes.

Très concrètement, l'objectif de ce livre est de vous aider à aligner et à mettre en cohérence ces trois sphères qui interagissent en permanence pour que vous puissiez vous trouver, vous déployer au sein de vos relations et dans le système que vous choisissez, avec authenticité. Il s'agit d'itinéraires de sens au pluriel, non de cartographies ni d'instructions. De vous mettre sur le chemin des prises de conscience nécessaires pour donner du sens à votre vie.

Cet ouvrage s'est construit à partir de nos regards croisés. Il est le fruit d'échanges de vie, d'expériences, de parcours, entre une approche journalistique et une approche de terrain, entre deux visions. Ces allers et retours manifestent aussi notre volonté de ne pas nous enfermer dans une pensée unique ou égocentrique, mais de mettre bas les masques pour donner la priorité à un projet qui fait sens pour nous. Celui de l'hédoperformance ou de la joie de vivre, consciemment reliés à nous-mêmes, aux autres et au système dans lequel nous évoluons.

Tout ce qui est proposé dans ce livre, nous l'avons vécu et expérimenté ensemble. Nous vous invitons à partager notre route pour vous mettre sur votre itinéraire de sens.

Anne-France Wéry et Christiane Thiry

La sphère du moi : oser croire en moi

Démarrer notre itinéraire vers la mise en place d'un nouveau paradigme qui donne plus de sens à nos vies nécessite de partir du lien à soi. L'évolution, il faut que nous l'initiions nous-mêmes, que nous œuvrions pour le retour de notre humanité. Il faut que nous nous explorions, que nous rentrions en nous graduellement pour repérer qui nous sommes et ce que nous sommes, en nous demandant : est-ce que je suis juste ? Est-ce que je suis dans l'amour et l'équilibre ? Dans la sobriété ? Nous ne pouvons pas initier les autres à faire ce que nous ne faisons pas nous-mêmes.

À chacun de prendre le temps de faire silence en soi pour se questionner : ma vie est-elle en harmonie avec mon moi profond ? Vais-je à la rencontre de moi-même ? Mes objectifs et mon mode de vie sont-ils dictés par la société ? Suis-je toujours fidèle à ce que je m'étais promis d'être ? Quel est mon ADN ? C'est en nous que se trouve la clé du changement.

Chapitre 1

Je sors du piège de l'ego

L'ego est un je d'enfant.

Denys Lessard

La sphère du moi se construit d'abord et avant tout par l'estime de soi. Or, une des altérations de l'estime de soi consiste à ne se définir que par son ego. L'ego prend toute la place, c'est notre juge intérieur qui nous piège dans une identité illusoire *via* un jeu de projections : nous confondons ce que nous sommes avec ce que nous faisons (notre métier), ou avec ce que nous possédons, nos biens matériels (une voiture et une belle maison). Jusqu'à l'âge de 30 ou 35 ans, ce juge intérieur nous est nécessaire pour nous construire, nous mettre sur nos deux pieds et nous faire grandir. Puis arrive une autre saison de vie où notre âme veut prendre sa place, où l'ego ouvre la porte au « je ».

Comment nous aimer ? Comment nous connecter à notre sérénité ? Oser croire en soi, c'est accueillir notre singularité authentique, notre individualité, et apprendre à dire « je ».

De l'image à l'authenticité

Quand notre ego prend toute la place, comment faire pour qu'il rencontre notre «je»? La vie nous offre de nombreuses opportunités : crise de milieu de vie, désenchantement, perte de sens, d'identité, de confiance, de repères… sont autant d'étapes qui peuvent rééquilibrer notre ego et notre «je», notre image et notre âme, notre juge intérieur et notre profondeur, pour trouver notre cohérence.

L'ego et le «je»

L'ego, c'est celui qui discerne, qui juge, qui nous donne des injonctions, qui développe la base de l'estime de soi. Grâce à lui, tout au long de l'enfance et de l'adolescence, notre personnalité se singularise. Durant ces années, il a provoqué la mise en place de mécanismes de défense contre les blessures et les agressions extérieures, dont les principaux sont l'agressivité, la fuite et l'inhibition. Il a participé à la construction de notre vision du monde et de nos croyances, et a tendance à nous y maintenir enfermés. L'ego a peur de sortir de ses repères. Il lui arrive donc de crier trop fort, d'occuper tout l'espace et de nous empêcher de nous remettre en question et d'accéder à notre «je». Le «je», c'est notre moi profond, notre essence, notre âme humaine.

C'est ce que nous sommes pleinement, ce qui à la fois fonde notre humanité et nous singularise, par-delà les projections de nos parents et de nos proches, par-delà nos constructions mentales et nos croyances. C'est notre part inaltérable et authentique.

L'âge de raison n'est pas celui des années mais celui de l'âme. Et pourtant, on parle de «crise du milieu de vie», de passage, de transition : on occuperait une partie de sa vie à se construire pour l'extérieur avec son ego fort, puissant, et une autre à réaliser mieux sa vie intérieure et profonde avec son « je ». Et si, dans ces crises de vie, nous étions en communion avec le réel et avec ce que nous sommes vraiment ?

Le voyage de l'ego vers le « je » consiste à passer de la volonté de réussir dans la vie (à la quête du matériel, de la belle image) à réussir sa vie, dans la pleine puissance de qui nous sommes vraiment, dans tout notre potentiel. Nous ne voyons parfois pas d'issue pour vivre notre bien-être et tentons de nous réaliser *via* nos activités, nos relations, nous piégeant dans le bien-faire. Plus nous vivons le contexte comme une difficulté, plus il nous faut aller en profondeur ; rencontrer notre profondeur au plus vite pour trouver le paisible. Face à un échec sportif, à un conflit familial, à un désaccord professionnel, à la frustration de ne pas avoir atteint un défi ou de ne pas avoir les mêmes atouts que les autres, de n'avoir pas réalisé une tâche de manière adéquate, il est important de nous recentrer et d'écouter à l'intérieur de nous nos valeurs fondamentales et de nous octroyer le droit d'exister pleinement. Comparaison n'est pas raison.

C'est dans notre profondeur que nous pouvons revisiter la situation, « faire retraite » de manière libre. On entre dans l'être par le désir, la prise de conscience, qui peuvent nous amener à nous séparer d'une amitié, d'un conjoint, d'un travail. Notre ego n'accepte pas toujours ce choix car il peut générer des émotions : de la tristesse, du déni, de la colère, que l'image n'aime pas montrer. Par contre, notre être profond le sait : pour réussir notre vie, il faut nous y relier, trouver le sentier qui va nous permettre d'éclore. Le « je » est notre bien le plus précieux. Pour s'y connecter, il faut le regarder, en prendre soin, l'aimer et le remercier.

Suivez l'itinéraire de votre authenticité

Pour exprimer durablement votre authenticité, prêtez-vous à cet exercice de voyage à travers cinq niveaux de conscience, qui constituent votre identité. Par ce périple intérieur, vous nommerez les mots-clés de votre propre recette de la zénitude.

- **Niveau 1 : mon environnement.** Ce que je vois autour de moi, comme si je tenais une caméra. C'est alors que j'observe : qu'est-ce qui m'entoure quand je suis serein, quelles sont les images qui sont projetées, quels sont les bruits que j'entends, qu'est-ce que je ressens et dans quelle partie de mon corps se loge mon authenticité ?

....

....

....

- **Niveau 2 : mes comportements.** Lorsque je me sens authentique, qu'est-ce que je fais, qu'est-ce que je ne fais pas, qu'est-ce que je ne fais plus ? À quel rythme ?

....

....

....

- **Niveau 3 : mes capacités.** Dans cette authenticité, qu'est-ce que je sais bien faire ? Comment est-ce que je m'y prends ? À quelles ressources je me connecte, qui peuvent être moins habituelles pour moi (ma capacité d'écoute, de dépense physique, ma créativité, ma prise de parole, mon humour…) ?

....

....

....

- **Niveau 4 : mes valeurs.** Nos actions et notre manière d'agir sont mues par nos valeurs. Elles nous permettent de satisfaire nos besoins et sont souvent peu négociables. Ce sont elles qui guident nos pas. Dans ce que je me vois faire ou pas, qu'est-ce qui est le plus important pour moi ? Quelle(s) valeur(s) est-ce que je défends ? De quoi ai-je besoin pour être authentique, pour que les choses soient fluides ?

....

....

....

- **Niveau 5 : mes vérités, mes croyances.** Tout au long de ma vie, je me suis construit des vérités. Ces croyances peuvent être de vraies ressources, des leviers pour me connecter à mon authenticité. Je pense que je peux montrer mes émotions quand je suis en vacances, que je peux être moi-même, que je peux faire moins de choses… Et par un heureux hasard, j'y parviens ! En revanche, les croyances peuvent être toxiques quand elles deviennent limi-tantes : « Je ne serai jamais calme », « Je suis toujours angoissée », « Je dois », « Il faut », « Je veux montrer telle image de moi »… Autant de contraintes et de limites que mon juge intérieur, mon ego, décide de m'imposer. Et que se passe-t-il quand je décide de penser autrement, de nuancer, de relativiser, d'imaginer, de rêver ?

....

....

....

Je proclame mon « je » : l'autolouange

Faire l'éloge de soi en pratiquant l'autolouange est un bon moyen de développer tout son potentiel, de mettre en exergue ses atouts et surtout de poser sur soi-même un regard positif. Cette pratique ancestrale, nommée *kasala*, née en Afrique, libère par l'écriture et la proclamation l'étincelle de génie qui est en chacun de nous.

.../...

...⁄...

Il s'agit d'écrire un texte qui parle de soi, qui exprime ce que l'on est, nos qualités fondamentales De mettre tout cela en mots, en amplifiant volontairement nos propos. Françoise s'est prêtée au jeu et a noté ces qualités : « enthousiaste », « solaire », « rapide comme l'éclair », « intelligente, sensible et fragile ». Elle a ensuite éprouvé quelques difficultés à les amplifier. Cela lui semblait exagéré, sinon prétentieux. Puis les mots ont jailli : « Je suis fragile comme le verre et plus forte qu'une montagne », « Je suis animée par la vie qui explose dans mes veines », « Je suis vive comme l'éclair, plus rapide qu'un cheval emballé », « Je croque dans la vie avec ma mâchoire géante, la bouche grande ouverte ». Poussée par l'énergie de ce texte, Françoise l'a proclamé avec joie, en lien avec elle-même. Elle a eu la sensation de renouer avec quelque chose de profond et de vital en elle. De se faire un cadeau en se reconnaissant.

Bas les masques !

Sept heures du matin, le réveil sonne. Combien de casquettes à porter dans la journée ? Parent, chauffeur, manager, chef cuisinier, sportif, ami, époux(se)… Combien de délais à tenir ? Combien de responsabilités à prendre ? Combien d'activités à réaliser ? Combien de personnes à satisfaire ?… Une course qui passionne, qui essouffle, qui nourrit, qui disperse, qui grandit.

Et si les réponses étaient en nous ? Et si nous étions « authentiques et alignés » avec toutes nos casquettes ? Et si nous décidions de faire tomber les masques ? Pour être en adéquation avec nous-mêmes, nos valeurs… et rayonner ainsi au boulot et à la maison !

L'équilibre intérieur est offert à celui qui va à sa rencontre, qui dépasse l'ego, l'image, les masques qui sonnent faux. Julie, dans un entretien de coaching, est arrivée à cette prise de conscience : «Tu sais, la vie, ce ne sont pas des tiroirs à ouvrir et fermer mais des assiettes à faire tourner. Il n'y en a pas une à casser, aucune ne peut tomber et c'est nous qui avons les baguettes pour les faire tourner... À nous de choisir notre rythme et leur nombre.» Les besoins évoluent suivant les étapes de la vie : c'est un mouvement constant. Alors, prenons le temps de nous poser les bonnes questions pour être plus conscients, plus souvent au présent...

| 7 questions pour être en phase avec le «je»

Identifiez quel est votre défi des trois prochains mois : accompagner vos adolescents dans leur réussite scolaire? Soutenir un parent en fin de vie? Équilibrer votre rythme de vie? Réaliser un marathon? Changer de travail? Apprivoiser votre retraite? Perdre du poids? Et passez-le au crible de ces 7 questions.

- Qu'est-ce qui guide mes choix?

  ....

  ....

- Comment est-ce que j'écoute mon intuition, mes émotions, mon corps, mes envies?

  ....

  ....

- Qu'est-ce que je mets en place pour concrétiser mes besoins?

  ....

  ....

- Quel rythme me convient dans mon organisation de la journée, du mois, de l'année, de mon parcours?

  ....

  ....

- Qu'est-ce qui est superflu ?

  ....

  ....

- Qu'est-ce qui est essentiel ?

  ....

  ....

- Qu'est-ce que je masque de moi ?

  ....

  ....

De la performance à la bienveillance

On nous fait souvent croire que l'on doit devenir quelqu'un d'autre. Nous sommes de plus en plus dépendants du regard des autres, tétanisés par la peur de déplaire, et coincés par là même dans une logique de donnant-donnant. L'amour advient pourtant quand on tue les idoles et surtout celle que constitue l'image de soi. Oser être soi, c'est en effet peler les couches d'identification qui nous freinent et nous empêchent de vivre en pleine conscience. Nous ne sommes pas notre métier, notre statut d'époux ou d'épouse, de père ou de mère. Nous sommes en chemin, mus par la pulsion de vie qui nous anime. Nous pouvons, en nous posant et en nous questionnant, revenir en nous, descendre au plus profond, au-delà de toute identification. Par-delà toute étiquette sociale, pour rejoindre ce qui fait notre humanité, déliés de la peur de déplaire ou de ne pas être aimés.

Sandrine, 40 ans, maman de deux enfants en bas âge, jeune doctorante, brillante, enthousiaste, chaleureuse, sportive, a décidé de démarrer un accompagnement individuel quand, un jour, sa meilleure amie lui a

16

demandé après quoi elle courait, ce qu'elle essayait de prouver d'elle. Son amie la percevait comme jugeante par rapport à elle-même et aux autres. Sandrine sentait qu'elle jouait un jeu, qu'elle avait peur de se confronter à elle-même, à ses besoins fondamentaux. Elle avait peur de pousser la porte de son âme ! Et si, en le faisant, tout se chamboulait : maison ? choix de vie ? reconnaissance des amis ? performance professionnelle ? En même temps, elle n'en pouvait plus de cette image qui sonnait faux, de son ego qui lui demandait de toujours afficher ce que les autres attendaient d'elle. Devant tous ces constats, une émotion de tristesse et de soulagement est montée en elle et elle a pris conscience des manteaux trop grands qu'elle s'efforçait de porter. Pour la première fois, elle a goûté au plaisir de l'authenticité ! La porte «oser être soi» s'est ouverte. Elle a senti qu'elle pouvait révéler des talents qu'elle avait laissés de côté jusqu'alors : peindre, dessiner et reprendre des leçons de piano. Elle a choisi également de ne pas accepter un poste qui lui offrait une promotion. Elle a préféré rester à la fonction qu'elle occupait et se retrouver.

À force de vouloir soigner notre image, être performants sur tous les plans, nous construire un parcours «sans faute», nous nous coupons de nos émotions et n'osons plus écouter nos désirs profonds. La pression de la performance à tout prix devient destructrice alors que nos limites, nos temps de recul, nos sensations ont besoin d'être accueillis. Aller vers la bienveillance, c'est rencontrer notre âme, lui faire de la place dans notre quotidien. Nous offrir la paix demande de nous connecter à notre humilité, sans juger ni évaluer à tout prix notre réussite par des exploits sans cesse plus grands. À chacun de mettre le curseur au bon endroit, d'être bienveillant avec sa vie.

Chapitre 2

Je sors du filtre du regard de l'autre

C'est notre regard qui enferme souvent les autres dans leurs plus étroites appartenances, et c'est notre regard aussi qui peut les libérer.

Amin Maalouf

Bon nombre d'entre nous, ne sachant plus où ils vont ou qui ils sont, coupés de ce qu'ils ressentent, ne se définissent que par le regard des autres. Nous nous cachons derrière de fausses identités, qui camouflent ce que nous sommes vraiment. Dans cette altération s'opère un tri sélectif : n'existant pas par nous-mêmes, nous nous percevons comme incapables de recevoir amour ou reconnaissance de la part de l'autre. Chacun de nous ne peut grandir que par la différenciation – les dynamiques de clonage sont régressives. La différence est ce qui nous donne notre singularité et ce qui fait de nous un être original et unique. Elle enrichit les systèmes familiaux, les organisations. Plus nous nous différencions, plus nous nous intégrons de façon harmonieuse dans notre communauté car nous lui apportons tout notre potentiel. Pour revenir à soi, première étape de la dynamique du moi, il est important d'amplifier estime de soi et confiance en soi.

Confiance et estime de soi

La confiance, c'est ce qui nous donne l'énergie de faire. Elle se situe dans l'agir : avoir confiance quand on parle en public. La confiance, c'est une multitude de réservoirs qui se remplissent ou se vident en fonction des contextes où on évolue. Dans notre univers familial, notre « réservoir confiance » peut être rempli du fait que nous osons nous exprimer, montrer nos talents, alors que, dans un autre univers, nous sommes inhibés et en manque de confiance pour prendre la parole. La confiance, liée au mot « oser », peut se nourrir d'un contexte à l'autre : si nous osons chez nous, nous pouvons voir ce que nous pouvons transposer pour oser dans un autre contexte. Par exemple, Brigitte, qui a osé donner son avis autour de la table familiale, valorise ses prises de position dans son cercle social. Marc, qui dialogue ouvertement avec son ami d'enfance, est parvenu à transposer cette dynamique d'échange pour apaiser les tensions relationnelles qu'il vivait avec sa femme.

Tandis que l'estime de soi, c'est le fondement à consolider, à renforcer, car elle repose sur l'amour de soi. Plus profonde, elle est le socle qui porte la confiance. Quand il y a altération de cet amour et de cette reconnaissance de soi, la dynamique du moi est en souffrance. Si nous nous reconnaissons dans le regard de l'autre et si nous filtrons tout à travers ce regard, nous ne pouvons accueillir notre propre impact sur les choses.

Pour sortir de ces pièges, il faut une bonne répartition entre le regard sur soi et le regard de l'autre. Les deux nous sont nécessaires mais doivent alterner, rester en flux, ne pas se figer, sinon nous nous coupons de notre âme et de notre pleine essence.

Diplômée en commerce extérieur, Anna, 28 ans, s'est toujours définie comme «catégorique, rigide, réservée, dispersée, anxieuse, solitaire, exigeante, déterminée, curieuse, ambitieuse». C'est avec ces qualificatifs qu'elle pense s'en être toujours sortie. Elle n'a aucune confiance en elle et préfère se cacher en se montrant fonceuse. Elle se trouve nulle et s'isole. Lors d'un atelier sur le thème des transitions de vie, invitée à faire la distinction entre ses qualités et son identité et à devenir plus douce avec elle-même, elle a complété sa définition par d'autres mots, «perspicace, vive, dynamique, motivée, attentionnée, sensible». Elle a intégré le fait qu'il n'y a pas d'ombre sans lumière ni de défauts sans qualités. Grâce aux nouvelles ressources qu'elle s'est offertes, elle a décidé d'effectuer un premier pas, de sortir de sa coquille en proposant à des amis d'organiser un week-end tous ensemble.

Comment faire de vos succès des leviers ?

Et si, à la fin de chaque année, vous faisiez votre bilan en modélisant vos succès plutôt que vos défaites ou vos défauts ? Prenez rendez-vous avec vos ressources ! Offrez-vous cette belle compilation. Centrez-vous sur la question du «grâce à quoi» et «comment» vous réussissez. Trouver ses bonnes recettes est un ancrage précieux pour s'y référer lorsqu'un dysfonctionnement survient.

Dans le rétroviseur : comment était l'année écoulée ?

- Quel a été mon plus grand succès ?

....

- Quelle a été la décision la plus intelligente que j'ai prise ?

....

- Comment résumerais-je cette année en un mot ?

....

- Quelle est la plus grande leçon que j'ai apprise?

  ....

- Quel est le meilleur service que j'ai rendu?

  ....

- Quelles sont les 3 personnes qui ont eu le plus grand impact sur ma vie?

  ....

- Quel est le plus gros risque encouru et réussi?

  ....

- Laquelle de mes relations a été la plus améliorée?

  ....

- Quels compliments ai-je aimés recevoir?

  ....

- Quels compliments ai-je donnés?

  ....

- Qu'ai-je envie de laisser derrière moi et de bien ranger dans les archives du passé?

  ....

Dans la boule de cristal : quels sont mes projets pour l'année à venir?

- Qu'est-ce que j'aimerais créer durant l'année qui vient?

  ....

- Quelle serait ma plus belle victoire?

  ....

- Quels conseils pourrais-je me donner pour une année harmonieuse?

  ....

- Quel est le projet que je veux absolument réaliser ?

....

- Que voudrais-je apprendre ?

....

- Quel talent voudrais-je développer ?

....

- Quel est le plus grand risque que je suis prêt à prendre ?

....

- Qu'est-ce que je veux réaliser de plus entreprenant au niveau professionnel ?

....

- Qu'est-ce qui me rendrait joyeux ?

....

- À qui aimerais-je offrir mes services ?

....

- À qui aimerais-je donner de l'amour ?

....

- Quel sera mon slogan, mon fil rouge ?

....

L'énergie au bon endroit

«Je ne sais plus où je me situe dans mon entreprise», «Je ne peux rien faire face aux changements permanents», «J'ai peur de l'avenir, de la perte de ma sécurité d'emploi», «Je n'ose pas quitter mes habitudes», «Je suis inquiet pour ma santé», «Je suis perdu face à mes enfants qui grandissent», «Je n'arrive pas à faire le deuil d'une personne aimée», «J'ai peur de perdre une amitié», «Je crains d'échouer à organiser l'anniversaire de mon conjoint»… Autant de stress, de peurs fabriquées parfois là où nous n'avons aucune prise. Mettre notre énergie au bon endroit, c'est nous consacrer à ce qui est accessible. Les peurs nous amènent à nous focaliser et à mettre notre énergie dans l'imaginaire, les présuppositions, plutôt que dans ce qui est réellement, ce qui nous empêche de rester acteur de notre vie.

Trois cercles influent sur la façon dont nous réagissons aux situations. Mettre notre énergie au bon endroit, c'est la mettre dans le bon cercle.

- **Le cercle de responsabilité** nous permet d'identifier les éléments sur lesquels nous avons prise à 100 %. Il nous permet de comprendre et surtout d'accepter qu'à notre dimension à nous, là où nous sommes, avec tout ce que nous sommes, nous pouvons diriger notre vie. Nous reprenons les rênes : nous choisissons, nous tranchons, nous décidons, nous passons de nos films à notre propre réalité. Dès que nous bougeons, que nous nous repositionnons, l'environnement s'articule différemment : notre attitude est directement contagieuse. Si j'ai peur pour ma santé, je peux considérer que je détiens le contrôle sur la qualité de mon alimentation ; si je suis dans la crainte de perdre une amitié, je peux considérer que je suis responsable à 100 % de ma qualité d'écoute.
- **Le cercle d'influence**, quant à lui, nous permet d'apporter notre pierre à l'édifice en reprenant notre participation, en nous engageant à faire ce qui est à notre portée. Nous osons communiquer

et nous affirmer, nous donnons notre avis, nous proposons des solutions, nous prenons des initiatives d'aller vers l'autre et de le comprendre. Si je suis préoccupé par la santé, je peux lancer une campagne en faveur des jardins potagers dans mon quartier ; si je valorise l'amitié, je peux proposer mon aide dans le déménagement de mon ami(e).

- **Le cercle de l'incontrôlable** est celui qui est totalement hors de ma portée d'intervention : sur le plan de la santé, je perds tout contrôle si une catastrophe nucléaire se produit ; sur le plan de l'amitié, je perds tout contrôle si mon ami(e) prévoit de déménager à l'étranger.

Face aux situations de doute, de peur, de stress, il est important pour nous de reprendre la main et d'élargir notre cercle de responsabilité et notre cercle d'influence, pour réduire le cercle de l'incontrôlable. Chacun peut choisir de se victimiser et subir son environnement, en prétextant que rien n'est en son pouvoir : c'est la faute du patron, du professeur, du politicien, du temps, de la crise, du voisin… Dans ce cas, l'énergie se dépense à pointer l'autre du doigt, à nous décréter impuissants, à laisser trop de place à ce qui ne nous appartient pas.

Dirigeons nos pas

Entre les trois cercles (responsabilité, influence, incontrôlable), nos pas ne se dirigent pas toujours vers celui qui nous permet d'être acteur et non de subir. Les peurs se logent souvent dans le cercle de l'incontrôlable et les deux autres se réduisent alors comme peau de chagrin. Faire grandir petit à petit le cercle de responsabilité, c'est faire le tri entre ce qui dépend de nous et ce qui est extérieur afin d'identifier là où nos pas peuvent faire avancer, faire évoluer ou apaiser les situations.

- Grégoire : « Notre banque est en train de fusionner. Je ne sais pas à quelle sauce je vais être mangé. J'adore tellement mon équipe, mon métier, mes clients. J'ai peur de ce que je vais devenir. Je dors très mal. »
- Dominique, maman d'un enfant en difficulté scolaire : « Julien, mon fils de 11 ans, vient de recevoir son bulletin. Il a eu de bonnes notes dans deux matières sur les dix. J'ai peur pour son année. »
- Sylvie : « Je passe un concours la semaine prochaine et je ne connais pas le jury. Je ne sais pas comment je vais m'y prendre pour être convaincante. »
- Louise : « J'ai toujours peur de ce que les autres pensent de moi ! Après chaque soirée entre amis, je me fais un sang d'encre, en me demandant si j'ai eu la bonne attitude. »

Grâce au tri dans les cercles responsabilité/influence/incontrôlable, chacun a pu se remettre dans un rôle d'acteur.

- Grégoire : « J'ai compris que je pouvais prendre rendez-vous avec le département RH pour exprimer mes motivations, proposer une description de poste, faire valoir mon expérience managériale et commerciale, au lieu d'attendre et de subir la fusion sans me prononcer. J'ai laissé de côté ce qui ne dépend pas de moi. »
- Dominique : « J'ai décidé de rencontrer les professeurs avec Julien et de ne pas commencer à faire tous les devoirs avec lui. Nous avons construit un plan d'accompagnement avec un suivi plus étroit, pour qu'il retrouve son rythme. Je me suis sentie bien entourée, avec un poids de responsabilité en moins. »
- Sylvie : « J'ai compris que je devrais dynamiser mon intervention afin de toucher un large public plutôt que que d'avoir un seul angle d'approche. Je vais donc construire un support dans ce sens. Je me sens plus à l'aise. »

- Louise : «Plutôt que de me faire un sang d'encre en rentrant chez moi, je me suis rendu compte que je devais davantage écouter mes amis pour connaître ce qu'ils attendent de moi et également que je pouvais leur poser la question de ce qu'ils ressentaient de la soirée passée ensemble. J'ai arrêté de me faire des films. Je sais aussi que je ne peux pas toujours plaire à tout le monde, c'est hors de mon contrôle.»

Chacune et chacun a appris à mettre son énergie au bon endroit.

Redevenez acteur de votre vie

- Identifiez votre source actuelle de stress.
- Dessinez les cercles d'influence, de responsabilité et de l'incontrôlable, emboîtés les uns dans les autres, en commençant par celui des responsabilités et en l'entourant des deux autres. Ensuite, répartissez dans chacun d'entre eux les éléments qui composent votre stress pour faire un état des lieux.
- Observez la taille de chaque cercle après la répartition : votre cercle de responsabilité est-il réduit, tout petit, étouffé par les deux autres? Ou, au contraire, observez-vous que bon nombre d'éléments de votre stress sont sous votre contrôle?
- Laissez de côté ce qui ne vous appartient pas, c'est-à-dire les éléments que vous avez placés dans le cercle de l'incontrôlable.
- Imaginez des actions concrètes pour amplifier vos cercles de responsabilité et d'influence et pour vous mettre dans une énergie d'acteur face à ce qui vous arrive.

Je suis ce que je suis appelé à être

Et si nous devions nous dire que la seule vie que nous avons est celle que nous vivons ici et maintenant, que ferions-nous de notre vie? Poursuivrions-nous la carrière que nous avons entamée? Ou suivrions-nous une formation pour nous orienter vers une autre voie, plus en cohérence avec ce que nous sommes ?

Et si nous décidions de prêter attention à nos désirs profonds, aux valeurs qui nous animent, et à vivre notre vie comme si elle comptait vraiment ? Ce qui fonde notre existence, c'est le réseau de relations dans lequel nous évoluons depuis notre naissance. Tout fait sens dans nos vies. Il suffit de faire confiance à ce que nous sommes et aux messages qui cherchent à se dire par le biais des rencontres et des mots. Notre singularité se dévoile subtilement. Il nous est parfois difficile de la percevoir à cause de la présence trop forte de notre pensée rationnelle, de notre soumission au regard de l'autre ou de nos croyances.

Nous sommes avant tout des hommes et des femmes avant d'avoir des casquettes. Celui qui se dit différent au travail et à la maison ne peut tenir la longueur. Ce sont nos essentiels qui nous guident. Nous sommes sans frontières. Nous avons, à l'intérieur de nous, trois ou quatre principes non négociables qui nous portent : besoin de liberté, de créativité, d'amitié, de sécurité, de justice, d'optimisme… Autant de leviers que nous pouvons actionner dans nos différents contextes de vie pour nous sentir en bon équilibre.

Notre ADN est propre à chacun de nous. C'est en l'identifiant que nous pourrons mieux nous respecter, guider nos choix, retrouver du sens dans toutes nos actions. Que ce soit l'envie de se lancer dans un projet, le besoin d'organiser des activités entre amis, d'encourager une équipe, de donner des repères dans l'éducation de nos enfants… Nos pas sont motivés par cet ADN. À nous d'y rester connectés.

Quel est votre ADN ?

- Dessinez sur une feuille de papier votre chemin de vie (de la manière dont vous le souhaitez).
- Cherchez 6 moments de votre existence qui ont été particulièrement importants pour vous : 3 moments pénibles ou douloureux et 3 moments heureux. Nommez-les et écrivez-les dans l'ordre chronologique sur votre chemin de vie.
- Au-dessous de chaque moment négatif, notez la valeur qui, selon vous, n'était pas respectée, ce qui vous manquait de fondamental ; et, sous chaque moment positif, la valeur importante qui, selon vous, était mise à l'honneur.
- Quelles sont les valeurs qui émergent et qui sont vos incontournables ? Êtes-vous aujourd'hui en harmonie avec elles ? Sinon, que pourriez-vous faire pour vous rapprocher de votre ADN ?

Chapitre 3

Je ne suis pas mes croyances

Sois toi-même, tous les autres sont déjà pris.

Oscar Wilde

La prédominance de l'ego peut aussi nous amener à nous confondre avec ce que nous pensons, avec des vérités figées bâties au fil des ans. Depuis notre arrivée au monde, nous avons accumulé des expériences qui ont insinué en nous des vérités appelées «croyances». Dépasser les croyances qui nous sabotent ou nous freinent nous donne l'occasion d'exprimer le meilleur de nous-mêmes. L'alignement avec notre moi est l'une des entrées vers l'hédoperformance. Il ouvre à la relation à l'autre et clarifie notre place dans le système. Apprivoiser nos fantômes et nos peurs permet d'être dans le présent et de mobiliser nos émotions au service de notre bien-être.

Si notre cerveau reptilien a tous les atouts pour détecter les dangers (c'est lui qui nous fait fuir face à un «vrai» danger), il ne nous rend pas toujours service car il ne sait pas distinguer les «fausses» peurs qui ne manquent pas de provoquer en nous un stress et une anxiété véritables.

La fabrique des peurs est performante. C'est une vraie usine qui peut fonctionner vingt-quatre heures sur vingt-quatre. Alors que faire ? Comment distinguer le vrai danger de la fiction ? Comment vaincre ses peurs pour reprendre les rênes au lieu d'agir sous leur emprise ? Comment libérer nos pensées ?

Des jugements qui crient trop fort

Certaines croyances sont positives, ouvrantes et renforçantes : «Je peux changer de vie tous les jours», «Je me sortirai de tout», «Je suis capable d'atteindre les objectifs que je m'assigne», «Il ne m'arrivera jamais rien que je ne saurais surmonter», «J'ai le droit d'être heureux»… D'autres sont limitantes et enfermantes : «Je dois jouer avec mes enfants pour être un bon parent», «Je dois absolument faire un régime»… Et pourtant, nous nous identifions à ces croyances sabotantes : «Je ne serai jamais capable», «Tout le monde m'en veut», «Je suis inintéressant»… Elles sont souvent auto-prophétiques, nous amenant à provoquer inconsciemment ce que nous croyons. Si nous pensons que nous ne pouvons plaire à personne, il est probable que nous nous mettrons en retrait, prouvant ainsi que notre croyance est fondée. Toutes ces croyances peuvent altérer l'estime de soi. Elles se figent en nous et nous amènent à nous effacer («L'autre est mieux que moi», «Je n'ai pas le droit de réussir»…). Nous allons même jusqu'à trouver des alliés pour les confirmer («Je ne suis pas seul à penser que je ne suis pas bon en maths»…). Ces fausses croyances ont en outre un effet pervers : plus on y croit, plus on essaiera de trouver des preuves pour les justifier.

> ## Qu'est-ce qu'une croyance ?
>
> Une croyance est la généralisation d'une ou deux expériences bien ou mal vécues, un codage figé (« Quand on aime, on donne tout »), souvent accompagnée de quantificateurs tels que « toujours », « jamais », « partout », « nulle part », « tout le monde », « personne » (« Il pleut toujours dans ce pays », « Un garçon ne pleure jamais »). On reconnaît également les croyances à l'utilisation d'opérateurs tels que « il faut », « je dois », « je devrais », « il faudrait »… C'est ce qui est vrai pour nous et qui est donc assimilé par nous. Chacun d'entre nous construit ainsi son propre monde, sa propre réalité. Oser croire en nous, c'est accepter de nuancer, de relativiser les vérités ou croyances bonnes pour nous à un moment donné. C'est défaire ou recadrer des croyances qui nous limitent et restaurer l'estime que nous nous portons, en faisant circuler toutes les énergies qui sont en nous.

Les croyances se transmettent aussi en dehors de toute réalité expérimentale, véhiculées par les parents, les enseignants, les éducateurs… Certaines sont transgénérationnelles dans la mesure où elles reproduisent un modèle familial (« Je suis l'exemple de papa ou de maman »), d'autres sont explicites (« Ne remets jamais à plus tard ce que tu peux faire tout de suite », « On n'interrompt pas les grandes personnes »), ou implicites (« Ne pose pas trop de questions », « Tes parents t'aiment quand tu es parfait »). Les célèbres injonctions parentales – que l'on nomme en analyse transactionnelle les « cinq petites voix du passé » ou *drivers* – forment la trame de ces croyances relationnelles : « Sois parfait », « Fais plaisir », « Sois fort », « Fais vite », « Essaie encore plus fort » résonnent en nous comme des petites voix que nous avons intériorisées. Elles peuvent être utiles dans certaines situations – essayer encore peut nous aider à dépasser un échec ; être fort peut nous apporter l'endurance, la détermination et le sang-froid nécessaires pour affronter une situation de stress… –, mais peuvent aussi nous freiner en contraignant notre vraie nature. Par exemple, à force de vouloir faire plaisir à tout le monde, nous risquons de ne plus oser dire non ou de ne plus exprimer nos propres besoins.

Avoir foi et confiance en soi n'est pas chose aisée. Il nous faut sans cesse lutter contre nos dialogues intérieurs et faire taire les petites voix qui nous découragent et nous freinent au profit de celles qui nous disent : « Oui, vas-y, tu peux le faire. »

Les *drivers*

La notion de *driver* est issue du vocabulaire de l'analyse transactionnelle. Cette théorie, fondée par Éric Berne, psychiatre américain, s'intéresse à la manière dont nous communiquons, par l'étude de l'ensemble de nos échanges relationnels appelés « transactions ». À la suite d'Éric Berne, Taibi Kahler, psychologue américain, a étudié nos interactions : pourquoi certaines débouchent-elles positivement et d'autres pas ? Il a créé le concept de *driver,* qui signifie « pilote » ou « conducteur ».

Les *drivers* sont des messages entendus dans notre enfance, des injonctions, qui sont devenus des automatismes et qui perdurent à l'âge adulte. Ils influencent tellement notre manière de penser et de réagir qu'ils en deviennent contraignants et commandent notre comportement.

Les *drivers* sont au nombre de cinq.

- « **Sois parfait** » : quand on fait quelque chose, il faut le faire parfaitement (« C'est bien mais tu aurais pu faire davantage », « J'attendais mieux de toi »…).

…/…

...∕...

- «**Fais plaisir**» : il faut être gentil, dévoué, aimable, attentif avec les autres afin de mériter leur estime («Ne sois pas égoïste», «Tu n'es vraiment pas gentil»…).
- «**Fais un effort**» : quand on est persévérant et opiniâtre, on finit toujours par réussir («Tu n'as aucun mérite, c'était facile», «Ne te satisfais pas d'un à-peu-près», «Tu n'as vraiment plus rien à faire?»…).
- «**Sois fort**» : la vie est un combat qu'il faut gagner («Un grand garçon, ça ne pleure pas», «Il faut être courageux», «Arrête de pleurnicher et bats-toi»…).
- «**Dépêche-toi**» : pour réaliser quelque chose, il faut aller vite, car prendre son temps est une perte de temps («Quand est-ce que tu vas t'y mettre?», «Allez, fonce, tu es trop lent», «Tu n'as pas encore fini?»…).

Quels sont vos *drivers* dominants?

Ces injonctions parentales que nous avons intériorisées restent utiles ou bénéfiques à certains moments : l'individu dominé par le «Sois fort» sait prendre des décisions sans états d'âme ; celui guidé par le «Fais plaisir» travaille bien en équipe ; celui guidé par le «Fais des efforts» adore la nouveauté… Mais elles deviennent négatives quand elles génèrent un comportement qui n'est pas le meilleur pour nous : «Je ne montre pas mes sentiments et mes émotions car ce sont des signes de faiblesse», «Pour te faire plaisir, j'obéis à ta demande de dernière minute de garder les enfants ce soir alors que j'ai réservé un cours de yoga»…

Tous les *drivers* sont en nous, mais, en général, certains sont plus présents, en fonction de l'étape de notre vie.

L'action a toujours été une priorité dans la vie de Nathalie, 52 ans, expatriée à Barcelone depuis cinq ans. Elle déteste rester sans rien faire, aime prendre des responsabilités et est passionnée par le lancement de nouveaux projets. Rien ne peut l'arrêter, c'est une battante. À tel point que lorsqu'on lui demande ce qu'elle ressent, elle répond par ce qu'elle fait, se révélant incapable de trouver les mots pour exprimer ses émotions. Même chose si on lui demande quand elle a pleuré pour la dernière fois : elle ne s'en souvient pas. Comprenant à quel point elle était coupée de ses émotions et de son corps, Nathalie a pris conscience qu'elle était enfermée dans une spirale de « Sois forte ». Dès lors qu'elle a saisi l'importance d'équilibrer le penser, l'agir et le ressentir, elle s'est reconnectée à ses émotions et à ses sensations physiques pour enfin freiner son rythme et s'accorder des limites.

Afin de mieux nous connaître, de mesurer nos choix et nos actions pour vivre en harmonie avec ce que nous sommes, il est utile et souvent très éclairant d'identifier nos *drivers* dominants, ceux qui régissent, de manière non consciente, notre mode de fonctionnement. Cette identification peut nous permettre de prendre du recul par rapport à des comportements habituels qui nous freinent et de les transformer. Vous êtes un « Sois fort », vous faites tout vous-même et ne vous accordez aucune erreur, pourquoi ne pas vous autoriser à demander de l'aide ? Si vous êtes un « Sois parfait », que vous visez l'excellence mais que vous vous noyez dans les détails et craignez sans cesse le jugement d'autrui, vous pouvez accepter de faire des erreurs. Si, guidé par votre « Fais plaisir », vous négligez vos besoins par crainte de décevoir et êtes sans cesse en quête de consensus, vous pouvez oser dire non. Si vous êtes plutôt un « Dépêche-toi », que vous travaillez dans la précipitation et vous mettez beaucoup de pression pour faire vite, essayez de commencer plus tôt, prenez votre temps ou entamez la journée par quelques minutes de détente. Si, mené par le *driver* «Fais des efforts», vous vous acharnez au travail, craignez toute critique et minimisez les résultats que vous obtenez, autorisez-vous à réussir et à être satisfait de ce que vous faites.

En prenant conscience des *drivers* qui vous dominent et commandent vos comportements, vous pouvez mettre en lumière les limites qu'ils vous imposent et choisir les permissions dont vous avez besoin pour vous aligner avec vous-même, croire en vous et progresser dans vos objectifs.

Dépassez les croyances qui vous limitent

1. **Pratiquez la méthode Coué** de l'autosuggestion par la répétition de phrases positives et motivantes, méthode fondée sur le constat que toute pensée tend à devenir réalité. Identifiez une de vos croyances les plus limitantes et imaginez une affirmation positive qui la contrecarre, par exemple :
   - «Je ne me sens pas capable» par «Je vais réussir» ou «J'ai confiance dans mes capacités», «Ça va bien se passer», «Je réussis tout ce que j'accomplis».
   - «Je dois être parfait» par «Je m'aime tel que je suis et me concentre sur mes qualités» ou «Je suis le meilleur possible à cet instant».
   - «Je manque toujours de confiance en moi» par «Jour après jour, je me sens de plus en plus confiant en moi-même» ou «J'ai la force de faire de mes rêves une réalité».

   Choisissez une de vos affirmations positives, mémorisez-la et répétez-la plusieurs fois par jour (une dizaine de fois le matin au réveil et une dizaine de fois le soir avant d'aller vous coucher). Ou enregistrez-la et n'hésitez pas à l'écouter en boucle ou à la répéter en pensée avant de vous endormir pour graver cette nouvelle idée dans votre subconscient. S'il arrive qu'en cours de journée une pensée négative vous assaille, utilisez une affirmation positive pour la neutraliser tout de suite. Persévérez, car il faut du temps pour déstabiliser une croyance négative développée sur plusieurs années et reprogrammer votre esprit. Par une répétition ou une écoute régulière de ces phrases positives, les messages finiront par modifier en douceur vos croyances négatives.

2. **Changez d'attitude : tenez-vous droit !** Nombre d'études et d'ouvrages[1] démontrent que notre langage corporel forge ce que nous sommes. Ainsi, une posture exprimant la confiance aurait, au bout de quelques minutes, un effet sur notre capacité à nous affirmer. Redresser le corps, c'est redresser l'esprit et écarter les pensées négatives. Alors optez pour des postures d'ouverture et occupez l'espace : debout, écartez légèrement les pieds de la largeur des hanches, redressez la tête et les épaules pour les dégager de la cage thoracique, placez le bassin sans vous cambrer en tenant le dos droit, et respirez calmement. En position assise, dépliez votre corps, ouvrez bras et jambes plutôt que de les replier. Osez les positions de puissance, telle la posture de Wonder Woman prônée par Amy Cuddy : debout, mains sur les hanches, menton relevé, pieds écartés. Pour vous aider, remémorez-vous une victoire personnelle, même minime, et revivez cet instant. Ou bien commencez par vous redresser et regardez au loin !

Me (re)connaître avant de prendre la route

À l'aube d'une carrière, après un divorce, lors de la reprise d'une activité professionnelle, il paraît souvent difficile de définir ce que l'on veut faire dans la vie. Le sentiment qui prédomine est une sorte de vertige : «Je ne sais pas ce qui m'attend, s'il y a des possibles»,

---

1. *Montrez-leur qui vous êtes* d'Amy Cuddy (Marabout) et *Tiens-toi droit(e) ! Épanouissez-vous grâce au savoir-vivre* de Gene Ricaud-François (Leduc Éditions).

«J'ai peur de voir mes enfants grandir et me quitter». Ou d'impuissance : «Je me sens dépassé», «Les jeunes ont plus de chances que moi d'être embauchés», «J'ai perdu confiance en moi». Ou d'insécurité : «Je sais ce que j'ai avec mon mari mais je ne sais pas ce que j'aurai si je le quitte.» Nombre d'entre nous posent sur la vie un regard plutôt négatif et pessimiste. Mais comment inverser la donne et avancer? Avec quel carburant?

La motivation est le premier des carburants : elle nous met en action, nous fait bouger. Elle nous permet de nous positionner, de retrouver nos forces et nos talents, d'exploiter notre potentiel, de développer la confiance en soi pour entrer dans la spirale de la réussite. Les opportunités sont partout à qui veut bien les voir, les définir, les créer. Un futur dominable est celui dans lequel nous nous inscrivons, c'est-à-dire dans lequel nous nous positionnons. Se mettre en bonne place sur la ligne de départ, c'est se (re)connaître avant de prendre la route. En effet, on ne peut être convaincant que si on est convaincu.

6 axes pour vous connecter à votre motivation

Prenez rendez-vous avec votre potentiel, votre savoir-faire, votre savoir-être, votre savoir bien-être…

1. Grandir, évoluer

- Qu'est-ce que j'entreprendrais si j'étais sûr de réussir?

  ....

- Qu'est-ce que je ferais si j'avais une totale confiance en moi?

  ....

- Quels sont mes besoins d'apprentissage ?

  ....

- Si je devais me donner une note de 1 à 10, où suis-je dans mon évolution ?

  ....

- À quelle note est-ce que j'aspire ? La même ou une autre ?

  ....

2. Être reconnu

- Quelle est, selon moi, une bonne marque de reconnaissance ?

  ....

- Qu'est-ce qu'on me reconnaît comme qualités ?

  ....

- Si je devais me donner une note de 1 à 10, où suis-je dans la reconnaissance qu'on me donne ?

  ....

- À quelle note est-ce que j'aspire ? La même ou une autre ?

  ....

3. Trouver la bonne énergie : défi plaisir

- Quels sont les prochains défis que j'ai envie de relever pour me dépasser ?

  ....

- Si je devais défier une partie de moi, quelle serait-elle ?

  ....

- Si je devais me donner une note de 1 à 10, où suis-je dans mes défis
  plaisir ?

  ....

- À quelle note est-ce que j'aspire ? La même ou une autre ?

  ....

4. Contribuer

- Dans quel domaine puis-je être le plus créatif?

....

- Qu'ai-je le sentiment de transmettre de moi?

....

- Si je devais me donner une note de 1 à 10, où suis-je dans ma contribution?

....

- À quelle note est-ce que j'aspire? La même ou une autre?

....

5. Communiquer, partager

- Quels sont les moyens de communication que j'utilise?

....

- Qu'ai-je besoin de communiquer à mon entourage pour être connu et compris?

....

- Si je devais me donner une note de 1 à 10, où suis-je dans ma communication?

....

- À quelle note est-ce que j'aspire? La même ou une autre?

....

6. Définir sa zone de confort, ses repères

- Quels sont les événements, les environnements, les ressources que j'ai en moi et qui me rassurent?

....

- De quoi suis-je sûr pour mon avenir (ce qui ne changera pas)?

....

- Si je devais me donner une note de 1 à 10, où suis-je dans mes repères ?

....

- À quelle note est-ce que j'aspire ? La même ou une autre ?

....

Je reprends racine

Comment faire émerger l'être qui sommeille en chacun de nous si notre potentiel est cadenassé ou asphyxié par des pensées telles que «Je n'y arriverai jamais», «Je suis nul», «Je ne suis pas capable de créer quelque chose d'original»? Depuis notre plus jeune âge, nous accumulons des expériences bien ou mal vécues que nous généralisons en des vérités qui nous figent ou qui nous sabotent. La bonne nouvelle, c'est que ces croyances qui nous limitent, qui sont vraies pour nous et filtrées par nous, nous pouvons les recadrer ou nous en débarrasser pour retrouver notre plein pouvoir créatif.

Nous n'avons pas besoin de talent particulier pour nous engager dans une vie dense et profonde, en cohérence avec ce que nous sommes, mais de développer notre capacité d'imagination sans nous laisser asphyxier par des pensées négatives ou limitantes. Nous avons besoin d'un espace de liberté où rien n'est impossible parce que nous nous sentons exister de plein droit.

Sortez des idées négatives qui vous minent

La perception que vous avez de ce que vous faites est un des leviers qui conditionnent vos passions ou vos déceptions. Comment transformer la négativité qui vous travaille en positivité qui vous «booste»? Voici cinq accords à conclure avec vous-même.

1. **Je crée ma dynamique de recadrage :** opérer un recadrage, c'est changer la signification d'une expérience. Quel serait l'autre sens que je pourrais donner à mes activités, à mes difficultés ? Si je voyais mes expériences comme un apprentissage, qu'est-ce que j'en retirerais de positif ? Comment un de mes collègues ou amis bienveillant décrirait-il mes réalisations ?

....

....

2. **Je retrouve du sens :** qu'est-ce qui est fluide dans ce que je fais ? Grâce à quels éléments est-ce facile ? En quoi est-ce un effort à mes yeux ? Quel sens est-ce que j'y mets aujourd'hui ? Quel sens ai-je envie d'y mettre demain ? Quelles sont les étapes pour y parvenir ? Quelles sont mes mauvaises habitudes à changer ? Quelles sont les bonnes à cultiver ? Quelles sont les nouvelles à adopter ?

....

....

3. **J'aiguise ma flexibilité :** la flexibilité est un levier précieux car elle me permet de changer d'avis. L'ouverture aux choix renvoie à la créativité. Que puis-je innover dans mes activités ? Dans mes relations ? En quoi celles-ci sont-elles de bons miroirs ?

....

....

4. **Je me reconnecte à mes compétences et à mes capacités :** il est plus constructif et performant de capitaliser sur mes forces que de me focaliser sur mes faiblesses. Quelles ressources ai-je tendance à éteindre en moi ? Quelles sont celles qu'il serait opportun de réactiver, de découvrir, de transmettre ? Dans l'environnement qui m'entoure, de qui puis-je apprendre pour poursuivre mon développement ?

....

....

....

5. Je me mets en perspective : quand la peur me gagne, tous mes objectifs se trouvent immédiatement reportés. Le court terme prend les rênes et je me mets dans une situation de survie. Quels sont mes propres objectifs ?

....

....

Dompter mes fantômes

Nous pensons toujours à travers notre vécu, notre propre histoire. Une expérience de vie, des blessures d'enfance telles que nous les avons codées en nous peuvent aisément remonter à la surface dans notre vie d'aujourd'hui bien que le contexte ait totalement changé : nous pouvons avoir peur de l'autorité (même si nous ne sommes plus face à notre père), peur que l'on se moque de nous (même si nous ne sommes plus devant un professeur ou une classe où l'on se sentait humilié), peur de l'inconnu (même si nous savons qu'il est incontrôlable par nature)…

Dans de nombreux ouvrages, en particulier ceux de Lise Bourbeau[1], cinq grandes blessures sont identifiées, construites et accumulées dès l'enfance. L'auteure canadienne démontre ainsi que tous les problèmes auxquels nous sommes confrontés, qu'ils soient d'ordre physique, émotionnel ou psychologique, proviennent des blessures suivantes : le rejet, l'abandon, l'humiliation, la trahison et l'injustice. Elle nous apprend surtout que pour nous protéger de ces souffrances ou les cacher, nous créons des masques.

- Pour cacher le sentiment de rejet vécu dans la prime enfance avec le parent du même sexe que nous, nous portons le masque

---

1. *Les 5 blessures qui empêchent d'être soi-même* de Lise Bourbeau, Éditions Etc Inc., 2013.

de fuyant : nous voulons à tout prix avoir l'amour de ce parent et allons parfois jusqu'à le haïr si celui-ci ne nous témoigne pas d'affection.

- Lorsqu'on a souffert d'abandon, de s'être senti délaissé pour quelqu'un ou quelque chose d'autre (une mère qui travaille trop, un père qui se focalise sur le cadet de la famille), on met le masque de la dépendance : on a sans cesse besoin de soutien, on ne se sent pas «complet».
- La personne qui s'est sentie humiliée met le masque du masochisme : elle cherche à se faire du mal, à se faire honte à elle-même, avant que quelqu'un d'autre ne le fasse.
- Celle ou celui qui s'est senti trahi camoufle cette blessure sous le masque du contrôle.
- Le masque de la personne qui a souffert d'injustice, qui ne se sent pas appréciée à sa juste valeur ou pas respectée, est la rigidité : elle se fait croire à elle-même et aux autres que rien ne la touche, ce qui peut la faire paraître très froide.

Philippe, marié depuis vingt-cinq ans et père de trois adolescents, a besoin que tout ce qu'il fait soit toujours validé. Son épouse lui reproche de ne rien décider sans elle. Son patron lui demande de prendre plus d'initiatives. Pour ses activités sportives, il déteste être seul et s'entoure sans cesse de nombreux amis qui le rassurent sur ses choix de vie. Lors de séances d'accompagnement, il s'est rendu compte qu'il était dans la recherche permanente de liens. Il a compris à quel point la peur de l'abandon guidait ses pas vers la dépendance, dans sa vie de couple, au travail et avec ses amis. Il était tétanisé à l'idée d'apprivoiser l'autonomie.

Comme pour les croyances ou les *drivers,* le fait de prendre conscience de nos blessures et de les accepter peut nous amener à faire tomber le masque, ou du moins à l'alléger. En affrontant nos fêlures intimes, en les reconnaissant, nous pouvons les soigner, sinon les guérir, pour être pleinement nous-mêmes.

Chaque souffrance crée un masque, chaque peur attire le danger ! À force d'y penser, nous leur donnons réalité. Pour sortir de la «fabrique à films» de notre esprit, apprenons à découvrir de nouvelles actions qui nous libèrent de nos fictions… Voilà de belles boucles à boucler pour rompre la répétition d'un mauvais scénario et avancer dans la sphère du moi.

Parcourez vos peurs et apprivoisez-les

Les blessures vécues au cours de votre vie ont un impact sur votre quotidien, vos activités et votre vie professionnelle, car elles sont la source d'angoisses qui vous touchent de plus en plus. Au fil des observations et des accompagnements de coaching individuel ou collectif, il apparaît pourtant que le bonheur dépend de l'absence de peur. D'où l'importance de prendre le temps d'identifier celles qui vous animent afin de pouvoir les transformer en projets, en objectifs et en réalisations.

- **La peur du rejet :** régulièrement, vous vous êtes senti exclu d'un groupe. Vous finissez par vous dire : «Je me sens insignifiant, transparent, c'est nul… » Vous adoptez alors une attitude de fuite pour ne pas avoir à revivre cette peur du rejet. L'antidote est d'apprendre petit à petit à vous affirmer. Si vous vous sentez envahi par cette peur, exercez-vous à faire face : prenez une décision par jour, gérez un conflit en exprimant vos besoins, prenez rendez-vous avec votre manager pour discuter de vos objectifs, arrêtez de faire semblant d'être pressé…

- **La peur de l'abandon** : vous vous êtes souvent senti profondément seul et coupé de vos parents ou de vos repères. Vous développez, depuis, un besoin de dépendance pour ne plus revivre de tels moments. L'antidote est de gagner progressivement votre autonomie : faites-vous confiance, menez un projet de A à Z sans attendre un aval, entreprenez quelque chose sans être influencé par les avis de tous, prenez des initiatives au quotidien…

- **La peur de l'humiliation** : elle vous a fait porter le bonnet d'âne, elle a suscité la honte et provoqué un sacré carnage. Cette peur vous mène à vous moquer de vous-même de manière toxique. L'antidote est de renforcer l'estime de soi : nourrissez vos ressources en vous accordant un peu de reconnaissance, en vous félicitant de la personne riche et unique que vous êtes, en vous faisant plaisir, en prenant la parole en public…

- **La peur de la trahison** : régulièrement, vous ne vous êtes pas senti respecté par un ami, un proche ; vous êtes poussé à vouloir tout contrôler. Vous développez ainsi cette croyance : « Je sais que j'ai raison, je ne peux compter que sur moi-même… » L'antidote est l'apprentissage du lâcher-prise : à qui allez-vous déléguer, donner votre confiance, dire ce qu'il faut faire plutôt que d'imposer tous les « comment faire » ?

- **La peur de l'injustice** : par exemple, vous vous êtes toujours senti puni au moment où votre frère faisait des bêtises. Cette peur peut vous rendre rigide, avec un grand besoin que tout soit parfaitement réglementé et sous contrôle. L'antidote est de dompter la souplesse : ne pas vous accrocher à tout prix aux frontières de votre description de poste, accepter vos erreurs, être dans des relations de confiance sans vouloir tout formaliser, donner sans attendre en retour.

J'ose me mettre à nu

Dans le monde incertain dans lequel nous vivons, l'audace nous donne l'énergie de tracer de nouvelles voies, tant au travail que dans notre vie familiale. L'audace, ne serait-ce pas avant tout oser être soi-même et chercher un nouveau mode d'être de soi à soi et de soi avec les autres ? Qui sommes-nous ? « Des êtres humains qui évoluent sans cesse, dont le moi est une construction transitoire, mais qui se ressemblent parce qu'ils portent les mêmes fragilités[1] », affirme Christophe André, psychiatre et psychothérapeute. Il souligne l'importance d'aller vers soi pour pouvoir se détacher de son ego par des voies comme la réflexion, l'action, l'interaction, la méditation et la non-action. L'intérêt de la non-action a été mis en avant par des expériences qui ont démontré que certaines parties du cerveau s'éveillent quand nous ne faisons rien. « La non-action nous permet de réagencer nos pensées, nos valeurs et notre identité. Il faut avoir l'audace de se poser la question de savoir qui nous sommes en tant qu'êtres humains, comment nous fonctionnons, et vers quelles valeurs nous désirons aller : la singularité ou l'humanité[2] ? » conclut Christophe André.

Mais comment aborder ces allers-retours du « je » au « nous », comment répondre à la question non pas du « Qui suis-je ? » mais du « Qui dit *je* en nous ? ». Selon le philosophe Alexandre Jollien, « il n'y a pas de solution à apporter à la vie, car il n'y a pas de problème. Nous n'avons pas besoin de concessionnaires en bonheur, mais tout simplement que notre *oui* soit *oui* et notre *non* soit *non*. Quand tu marches, marche ; quand tu es triste, sois triste ; quand tu es joyeux, sois joyeux[3] ». « L'amour, ajoute Alexandre Jollien, advient quand on tue les idoles, surtout celle que constitue l'image de soi. La vraie

---

1. Journée de réflexion organisée en septembre 2014 à Bruxelles sur le thème « Qui suis-je ? ».
2. *Idem.*
3. *Idem.*

question, c'est de ne rien demander, c'est un *oui* total à la vie. Et à son adage : observe-toi mieux et, dès que tu te trouves, laisse-toi, il n'y a rien de mieux. Laissons partir traumatismes, idées, images du moi, blessures, tout ce à quoi nous tenons si fort. Nous ne sommes pas nos blessures. Laissons partir notre moi fatigué, agacé, blessé. Osons mourir pour repartir plus vivants et plus généreux. N'être que *oui* et *merci !*»

Chapitre 4

Je suis dans le flux de la vie

La vie se délecte de la vie.

William Blake

Liée à l'estime de soi, l'altération de la perception de l'espace et de la temporalité est un autre frein important au cheminement vers l'hédoperformance. Si nous sommes en permanence dans la nostalgie ou le passé (« C'était mieux avant »), nous allons à nouveau nous figer et nous saboter dans ce que nous sommes aujourd'hui : le temps nous file alors entre les doigts. À l'inverse, si nous sommes en permanence dans le lendemain, nous nous plaçons dans l'espérance (« Ça ira mieux quand… »). Le passé comme le futur sont des néants, ils ne nous font pas exister. Si nous nous définissons sans cesse par ce que nous avons été ou par nos rêves de futur, nous n'existons pas. Enfin, si nous prenons trop ou trop peu de place, nous ne pouvons pas nous ancrer dans le présent et l'habiter.

Exister ici et maintenant

Un père de famille, carriériste, exigeant, qui avait toujours besoin d'anticiper, qui n'était pas connecté au présent, ne cessait de répéter comme une rengaine : «J'ai trop de travail, trop de pression, trop peu de moyens, trop de trop…» Cette vitesse semble nous poursuivre partout et tout le temps ! Face à ce «trop», qui n'a jamais rêvé de pouvoir allonger le temps? Et si nous troquions notre montre contre une boussole qui nous donnera la vision, la conscience du «comment», pour nous aider à trouver l'équilibre entre le privé, le travail, les loisirs, la santé, les relations et les objectifs à réaliser.

Le temps nous file entre les doigts quand il est regrets. Combien de temps perdu à dire : «C'était mieux à telle époque, dans tel cercle, sous telle organisation, avec tel client, telle équipe», «De mon temps, les enfants écoutaient leurs parents, les jeunes étaient plus motivés, les horaires étaient respectés, on avait plus de loisirs, on passait plus de moments en famille, les clients étaient éduqués»… Autant de voleurs de temps qui nous sortent du présent. Toutes les opportunités de l'instant deviennent alors invisibles.

Le temps nous file entre les doigts quand il est projections. Nous perdons du temps à penser : «Vivement demain que ce projet se termine, que le rythme se calme, que ma collègue revienne», «Et si on perd ce marché, si cette commande arrive, si je tombe malade?»… Ainsi, le stress se fabrique le plus souvent à partir de nos propres films et nous fait perdre autant de temps que d'efficacité ! À ce moment, il est nécessaire de faire un pas de recul pour affiner notre vision, déterminer nos priorités. Et tout s'élargira.

Quant à la notion d'espace, il s'agit de la manière d'occuper sa place et de la définir. Il y a altération si je prends trop de place, si je n'accepte aucune limite et adopte une position de toute-puissance. Cette altération est bien exprimée dans la métaphore de l'encrier : pour occuper toute la place, je dois me remplir en permanence. Je vais donc manger, parler fort, vouloir être partout dans l'espace, et si je veux être partout, je ne suis jamais ici.

A contrario, une autre forme d'altération de l'espace consiste à me gommer, à essayer de prendre le moins de place possible, voire de ne plus en prendre du tout (comme dans l'anorexie). Restaurer cette altération, c'est prendre sa place en s'ajustant, c'est se mettre en harmonie avec l'harmonie du monde. Il s'agit de la même logique que celle qui peut nous aider à sortir du regard de l'autre : plus nous voulons quitter les fixités pour être dans la mobilité et le mouvement, plus nous allons pouvoir voyager du regard de soi au regard de l'autre, créer du flux, et plus nous pourrons nous connecter au présent, qui est le seul existant, et l'habiter.

On demanda un jour à un homme qui savait pratiquer la méditation comment il faisait pour être si serein malgré ses nombreuses occupations. Il répondit :

- Quand je me lève, je me lève. Quand je marche, je marche. Quand je suis assis, je suis assis. Quand je mange, je mange. Quand je parle, je parle.

Les gens l'interrompirent :

- Nous faisons de même, que fais-tu de plus ?
- Quand je me lève, je me lève. Quand je marche, je marche. Quand je suis assis, je suis assis. Quand je mange, je mange. Quand je parle, je parle.

Les gens lui dirent encore une fois :

– C'est ce que nous faisons aussi.

– Non, leur répondit-il. Quand vous êtes assis, vous vous levez déjà. Quand vous vous levez, vous courez déjà. Quand vous courez, vous êtes déjà au but...

Apprivoisez votre temps

Voici une question simple qui vous servira de boussole dans la gestion de votre temps : « Dois-je faire cela maintenant ? » Pour arriver à y répondre, prenons-la mot par mot :

- « **DOIS**-je faire cela maintenant ? » Quelle petite voix intérieure vous impose ce devoir ? Quel juge interne vous donne cette injonction : votre excès de perfectionnisme ? de disponibilité aux autres ? Votre volonté de vous montrer plus fort ? Le regard des autres et la manière dont vous vous sentez reconnu au travail ou ailleurs peuvent être de grands pièges et vous amener à des contraintes que vous vous êtes vous-même fixées sans vous être arrêté sur le sens de ce « DOIS ».

- « Dois-**JE** faire cela maintenant ? » En quoi êtes-vous sûr que personne d'autre ne pourrait tout aussi bien le faire ? À vouloir tout gérer vous-même, vous pouvez devenir une source de démotivation pour ceux qui vous entourent et seraient heureux de participer au projet, de sentir votre confiance, de vous voir déléguer.

- « Dois-je **FAIRE** cela maintenant ? » Et si, au lieu de foncer tête baissée, vous preniez le temps de penser, de réfléchir à la meilleure stratégie de réalisation, aux différentes étapes ? Le manque de concentration, la précipitation, l'urgence sont des ennemis qui surchargent et mettent la tête dans le guidon. Résultat : vous vous sentez complètement débordé et vous perdez votre efficacité !

- « Dois-je faire **CELA** maintenant ? » En quoi cette tâche va-t-elle faire avancer le projet ? Comment a-t-elle été définie ? Quelles seraient les autres manières de faire ? Autrement dit, hiérarchiser et choisir vos priorités peut être utile et efficace avant que vous ne passiez à l'action.

- « Dois-je faire cela **MAINTENANT** ? » Quelle stratégie avez-vous choisie pour fixer les délais ? Que se passerait-il si vous le faisiez demain ? Quels sont les risques réels que vous courrez à ne pas le faire maintenant ? Qu'est-ce que vous auriez à y gagner de ne pas le faire dans l'immédiat ?
- C'est ce que vous faites de votre temps qui importe : l'exploit n'est pas d'aller sur la Lune mais de savoir marcher sur la Terre… Alors, à vos boussoles !

Ouvrez votre agenda !

Munissez-vous de quatre feutres de couleur et regardez dans votre agenda la façon dont vous avez utilisé votre temps durant ces quatre dernières semaines :

- en jaune, surlignez les occupations essentielles, à savoir celles qui ont généré chez vous une émotion positive ;
- en vert, celles qui ont généré de l'ennui ;
- en rouge, celles qui ont généré de l'anxiété ;
- en noir, celles qui ont généré de l'indifférence.

Faites l'état des lieux de la fréquence des différentes couleurs et prenez conscience de la quantité d'activités qui vous ont mis en joie ou dans la contrainte. Et dites-vous bien que le temps ne se gère pas mais s'utilise. C'est là tout l'art du choix…

Résultat

- **S'il y a trop de vert,** demandez-vous qui pourrait prendre plaisir à effectuer ces tâches qui vous ennuient.
- **S'il y a trop de rouge,** demandez-vous comment vous demandez de l'aide pour apaiser vos peurs.
- **S'il y a trop de noir,** demandez-vous comment mettre vos limites pour vous consacrer à ce qui vous motive.

Je parcours ma ligne de vie

Une promenade dans notre ligne de vie peut nous offrir un voyage révélateur de nos fondements. Les étapes qui jalonnent notre existence sont en effet marquées par des récurrences, des stratégies répétitives, des scènes qui se rejouent et qui témoignent de notre façon d'être au monde. Si nous y prêtons attention, nous pouvons repérer les ingrédients non négociables qui doivent se retrouver dans tous nos projets ou le fil rouge qui relie toutes les étapes de notre vie. Nous pouvons, lors de cette promenade, trouver ce qui nous fait bouger, quelle est notre motivation et quelles sont les ressources qui nous ont soutenus jusqu'à présent et nous y reconnecter.

Définissez vos talents

Pour vous aider à vous situer, choisissez cinq photos sur lesquelles vous figurez et qui expriment les étapes clés de votre existence. Ce choix n'a rien d'anodin car il vous permet de recomposer la mosaïque de tous les « moi » qui jalonnent votre vie et de définir vos talents : un sens visuel et esthétique que vous exprimiez enfant dans des peintures, une faculté à décrypter les relations humaines, le plaisir de la lecture, un lien profond avec la nature… Tout ce qui vous motive. Connectez-vous à vos sensations corporelles, libérez vos émotions, interrogez-vous à chacune des étapes sur votre manière d'atteindre la plénitude. Au lieu de vous figer dans les schémas de votre histoire personnelle, réactivez-les et extirpez-en non ce qui vous freine, mais ce qui vous fonde. Un pas que nous pouvons tous franchir.

Hier n'est pas aujourd'hui

Pour s'inscrire dans le flux de la vie, il est important de ne pas regarder le présent avec les lunettes du passé.

Jean-Marc, à l'aube de ses 60 ans, se retire petit à petit de l'entreprise fondée par son père pour la transmettre à son fils. Afin d'entrer dans cette nouvelle étape de vie, il exige que son fils cultive sa manière de faire. Selon lui, la qualité d'une journée efficace se mesure par le fait de commencer tôt et de terminer tard. Un bon collaborateur est à féliciter pour son implication sans bornes, y compris les week-ends. En tant que patron, il faut arriver le premier et passer par une expérience de terrain pour mieux comprendre les gens, pour marquer son autorité. Il faut être ferme et suivre ses principes. Après quarante ans dans l'entreprise, il est convaincu que ce sont les clés de la réussite. À sa grande surprise, son fils préfère que tous deux soient accompagnés par une coach pour franchir au mieux cette étape. En effet, celui-ci aspire à une tout autre approche, qu'il juge plus adaptée pour assurer sa légitimité en tant que troisième génération à la tête de l'entreprise. Il considère que, dans la relation au travail, de nouveaux besoins sont apparus, dont celui de partager les décisions, d'apprécier le travail non par la quantité mais par la qualité, et d'être avant tout à l'écoute de ce qui fait le bien-être au travail. Jean-Marc a pu comprendre et accepter ce que son fils voulait développer comme nouveau modèle de gouvernance. Il s'est rendu compte qu'il commettait une erreur en se focalisant sur le passé comme étant la seule et unique référence de bon fonctionnement.

Nos enfants ne sont pas ce que nous étions à leur âge. Hier n'est pas aujourd'hui et nos habitudes doivent changer en conséquence. Les trentenaires de la « génération Y » ont vu les licenciements de leurs parents qui consacraient leur vie à leur entreprise, les divorces se multiplier, la mondialisation mettre l'économie en danger, l'évolution de la technologie provoquer une superficialisation des relations… Autant de facteurs déclencheurs d'une évolution des paradigmes, d'une réorientation sociétale vers d'autres hiérarchies de valeurs. D'une génération à l'autre, on pourrait schématiser les évolutions de la manière suivante.

- La génération X (50-70 ans) est celle des droits et devoirs : c'est le règne du ON. Pour elle, la notion de vérité est stable : «Parce que c'est comme ça !»

- La génération Y (30-50 ans) est celle du plaisir et de l'efficacité : c'est le règne du JE. Pour elle, la notion de vérité doit être mise au défi : « *Why ?* » («Pourquoi ça ?»).

- La génération Z (20-30 ans) est celle du bien–être et de la collaboration : c'est le règne du NOUS. Pour elle, la notion de vérité interroge les objectifs : «Pour… quoi ?»

Globalement, l'autoritarisme a plié bagages pour céder la place à de nouvelles postures. La question est aujourd'hui de savoir comment désapprendre ce qui ne fonctionne plus du tout en cultivant ce qui est juste.

Soyez branché !

Voici quelques pistes pour partager la «sagesse» des générations dites nouvelles et leurs profonds changements de paradigmes. Les valeurs des «Z» nous invitent en effet à renforcer une approche fondée sur les archétypes féminins, sur l'énergie du yin qui rassemble, nous met en lien, nous conjugue en NOUS. Parmi les axes à suivre :

- **Célébrer le «co-» :** comme «covoiturage», «colocation», «coworking», c'est-à-dire de nouvelles conditions qui encouragent le lien, l'interdépendance, l'intelligence collaborative. Voici donc mises à l'honneur les valeurs féminines, celles qui valorisent la collaboration plutôt que la compétition. Quelles sont, dans le monde qui vous entoure, les situations dans lesquelles vous pouvez vivre ce «co-?»

- **Accueillir l'intuition :** elle booste l'innovation, elle relie aux émotions (tellement oubliées, enfouies ou excessives dans cette ère du burn-out). Allier le « Qu'est-ce que j'en pense ? » au « Comment je le sens ? ».
- **Passer de l'ego au « soi » :** les carapaces ont fait assez de dégâts, de conflits de pouvoir et d'images ! L'authenticité prévaut, pour ne plus uniquement se laisser définir par les injonctions émanant du regard des autres.
- **Réapprivoiser le verbe « aimer » :** il devient – quoique, aux yeux de certains, il incarne encore l'utopie ou l'idéalisme – la marque d'intelligence et de reconnaissance des années à venir. Aimer mes amis, mes collaborateurs, mes lecteurs, mes équipes, mes clients, aimer le quartier dans lequel je vis, l'organisation dans laquelle je travaille, aimer les différences, aimer ma singularité, aimer de manière inconditionnelle, quel levier de reconnaissance ! Ce qui ne veut pas dire tout accepter, bien sûr. Certains dirigeants et responsables d'éducation commencent à y croire. Il y a, au sein d'organisations précurseurs, une réelle énergie de reconnaissance « aimante » qui porte, fait grandir. Celle-ci fut longtemps mise de côté dans une dynamique inversée qui plaçait les forces du yang au premier plan : pouvoir, efficacité, compétition, force… Or, c'est la confiance qui est le socle de base pour déployer l'amour inconditionnel, qui accueille chacun dans son identité, ses ressources, ses limites : comment la montrer, l'appliquer autour de nous afin d'offrir une surface porteuse d'épanouissement ? L'amour engendre bien plus de réciprocité que ce que pensent les frileux…

Je savoure le moment présent

Nous vivons comme des somnambules, en « pilote automatique », selon Ilios Kotsou, docteur en psychologie des émotions. Les exercices pratiqués lors de ses ateliers de pleine conscience mettent le doigt sur les nombreux automatismes inconscients qui polluent la vie quotidienne. La méditation ouvre à la sensation du souffle qui entre et sort du corps et insuffle de la conscience à des gestes de tous les jours que l'on effectue souvent machinalement. L'approche est simple : il nous suffit de nous recentrer sur nos sensations, de savourer le présent dans ses moments les plus infimes : ralentir notre pas, observer la lumière dans un arbre, jeter un regard amoureux, envoyer un SMS amical…

Pratiquez la pleine conscience

Écoutez votre corps, goûtez ce que vous vivez, vous pouvez le faire dans tous les gestes de la vie quotidienne, comme le proposent ces quelques exercices.

- **Choisissez une activité quotidienne à vivre « en pleine conscience ».** Ce peut être se lever le matin, se brosser les dents, se doucher, s'habiller, manger, conduire, sortir les poubelles, faire du shopping, etc. Concentrez-vous simplement sur le fait d'introduire la pleine conscience de chaque instant dans cette activité, de ressentir pleinement ce que vous êtes en train de faire.

- **Pratiquez 3 minutes de respiration « en pleine conscience »** trois fois par jour, à des moments prédéterminés de la journée. Suivez la respiration pendant tout son trajet lors de l'inspiration et de l'expiration. Comptez : « Inspirez, 1… expirez, 1 ; inspirez, 2… expirez, 2… », etc.

- **Répertoriez chaque jour un moment de plaisir :** un morceau de musique qui vous a touché, un lever de soleil qui vous a ému, un instant de tendresse…

Chapitre 5

Je fais miennes mes pressions existentielles

Tout a un début, une existence, une fin.

Philippe Starck

Outre la dépendance au regard de l'autre, les croyances, les altérations du temps et de l'espace, nous sommes en tant qu'être humains confrontés à cinq pressions existentielles qui peuvent nous empêcher de nous incarner, de trouver notre place et notre cohérence, donc notre bien-être. Ainsi, il s'agit de les apprivoiser. Elles sont issues du courant thérapeutique de la Gestalt, centré sur notre rapport au monde, et interviennent dans notre relation à nous-mêmes, aux autres et au système (entreprises et organisations) dans lequel nous évoluons.

Ces cinq contraintes existentielles incontournables sont les suivantes.

- La solitude : par rapport à soi (je suis seul et ne peux rien faire contre cela) ; par rapport aux autres (je ne peux souffrir à la place des autres, je me replie sur moi car je me sens incompris, je n'ose pas faire part de mes opinions) ; par rapport au système (j'ai le sentiment que tout repose sur moi).

- La finitude ou l'angoisse face à ce qui prend fin : l'adolescence, une fin de carrière…
- La contrainte de responsabilité : je me sens responsable de tout ce qui arrive autour de moi.
- La recherche d'un sens à sa vie : j'attends que le sens de ma vie soit défini par les autres.
- L'imperfection : je suis sans cesse confronté à mes limites et je ne l'accepte pas.

Je dépasse l'angoisse de la solitude

La première des pressions, la solitude, est une des pathologies psychiques les plus répandues. La solitude peut être vécue par rapport à soi (par exemple une mère de famille seule face à son équilibre de vie à gérer), ou par rapport aux autres (par exemple ceux qui s'isolent, persuadés qu'ils ne peuvent pas compter sur leurs collègues). Ce peut être la solitude éprouvée par quelqu'un issu d'une culture différente qui ne se sent pas intégré. Ou encore celle provenant d'une défiance par rapport au système de la part de personnes qui craignent de perdre leur travail (questionnement très anxiogène tant pour les plus de 45 ans qui sont sur la sellette que pour les jeunes à qui on ne fait pas confiance). L'antidote à la solitude, c'est de prendre conscience que nous sommes des êtres de lien, impliqués dans un environnement, mais c'est d'abord de comprendre que la solitude n'est pas à rejeter, qu'elle est un cadeau, car elle fait émerger notre singularité. Elle nous permet d'apprivoiser cette singularité et de nous dire : «Je suis un être unique et je me permets de l'être car c'est ce qui me permet d'avancer, de faire des choix et d'être aimé pour ce que je suis. Et, si je suis singulier, l'autre l'est aussi et nous avons des choses à nous apprendre.» Mettre cette solitude en lien signifie qu'il faut sortir de soi et être curieux de l'autre.

Apprivoisez votre solitude

Quelques questions pour cheminer :

- Qu'est-ce qui me différencie des autres ? et que j'apprécie de moi ?

  ....

  ....

- Qu'est-ce que j'apprécie de moi : quelles sont les qualités que je me reconnais ?

  ....

  ....

- Quels sont mes talents ou compétences ?

  ....

  ....

- Qu'est-ce que les autres peuvent m'apporter ?

  ....

  ....

- En quoi suis-je complémentaire avec mes proches ?

  ....

  ....

- Comment est-ce que je leur laisse de la place?

....

....

J'accepte ma finitude

Tout a un début et tout a une fin. C'est peut-être ce qu'il y a de plus douloureux à vivre dans les processus de changement, mais on ne peut commencer quelque chose sans avoir bouclé ce qui précède.

Florence, avocate, 60 ans, maman de deux enfants mariés, est terrorisée à l'idée d'arrêter de travailler. Lors d'un tour de table pour un coaching d'équipe, on lui demande de se projeter dans cinq ans. Alors que certains évoquent le besoin de prendre du recul, d'envisager leur retraite, de laisser la place aux jeunes, Florence est extrêmement angoissée parce que, fondatrice du cabinet, elle s'est identifiée à son métier d'avocate. La plupart de ses conversations privées ou professionnelles tournent autour de ses dossiers. Depuis que ses filles ont quitté le nid, elle s'implique d'autant plus. Même en vacances, elle reste connectée. Au cours du coaching, elle se surprend à dire qu'elle a peur de se retrouver face à elle-même. Amenée à énumérer les étapes qu'elle a déjà passées dans sa vie, elle comprend qu'aucun autre projet ne peut se réaliser qu'en ayant terminé le précédent. Pour lâcher prise face à sa vie professionnelle, il est important qu'elle accepte de déléguer, de planifier une date de départ et de réaliser un plan de transmission.

Si on ne s'approprie pas le sentiment de finitude, on résiste au changement, on éprouve d'énormes difficultés à clore une relation, à changer d'activité, à modifier une équipe ou à en créer une autre.

C'est souvent le cas pour des personnes qui se séparent, qui perdent un emploi ou qui partent à la retraite, pour les éternels étudiants qui ne parviennent pas à entamer une autre vie… La finitude recouvre aussi tous les problèmes d'adaptabilité : on ne peut pas aujourd'hui faire fi des réseaux sociaux, de la mondialisation. Les besoins de la société évoluent. Intégrer la finitude passe toujours par une phase d'acceptation : quand nous changeons de conjoint, de collègue, ou que nous nous lançons dans un nouveau projet, nous ne devons pas vouloir reproduire ni rejouer − c'est fini, cela fait partie de nous, c'était une étape de vie nécessaire mais qui a eu un début et une fin. Tout comme nous ne pouvons rejouer avec notre cercle d'amis ou dans notre équipe les relations vécues avec notre fratrie ou nos parents. En guise d'antidote, il est nécessaire d'introduire une temporalité dans le changement, car il est impossible de vouloir faire changer tout le monde de la même manière, en même temps. Et il faut aussi pouvoir abandonner ce que l'on considérait comme les bonnes vieilles pratiques que l'on croyait uniques dans notre système. Ce travail passe par une phase d'acceptation, puis de bouclage et d'ouverture au nouveau, au champ des possibles, à la page blanche.

Apprivoisez votre finitude

Quelques questions pour cheminer :

- Quel est le dernier projet que j'ai bouclé et comment ?

....

- Comment est-ce que j'accepte de vieillir ?

....

- Que vais-je faire quand mes enfants auront quitté le nid?

....

- Comment ai-je quitté mon enfance?

....

- Comment est-ce que je gère les transitions entre les vacances et le boulot?

....

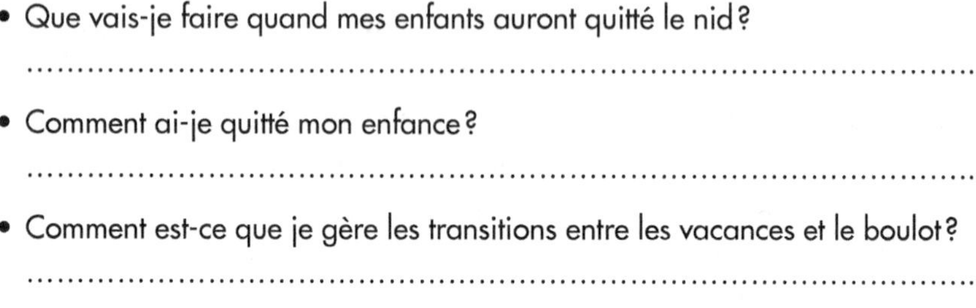

Je n'ai pas peur d'être responsable

Nous sommes tous des êtres pleinement responsables, mais nous n'en prenons pas assez conscience, attendant souvent pour avancer que l'environnement bouge ou que les autres changent. Nous nous posons rarement la question de savoir ce que nous avons nous-mêmes mis en place pour obtenir ce que nous avons obtenu dans notre vie professionnelle ou pour ne pas l'obtenir. Nous avons tendance à attribuer nos problèmes ou nos erreurs à ceux qui nous entourent et nous nous engluons. Dans des conflits, notamment, beaucoup préfèrent se considérer comme incompris.

Or, une relation se coconstruit. Elle comporte trois dimensions : les deux personnes concernées et le flux qu'on y met. Alors qu'investit-on comme responsabilité, comme part de soi? Que veut-on prouver à l'autre? Que ne dit-on pas de soi? Combien de relations s'enveniment en attendant que ce soit l'autre qui bouge? L'antidote, c'est de se concentrer sur ce que nous pouvons parfaitement contrôler. Plutôt que de reprocher à l'autre de ne pas nous sentir entendus, nous pouvons nous demander comment nous nous y prenons pour ne pas l'être? Que pouvons-nous ajuster pour harmoniser la relation?

66

Pensez au moment charnière dans lequel vous êtes aujourd'hui : une relation difficile, un débordement… Et définissez ce qui dépend pleinement de vous et que vous n'avez pas encore expérimenté. Mettez votre énergie au bon endroit.

Apprivoisez votre responsabilité

Quelques questions pour cheminer :

- Comment est-ce que je discerne ce qui dépend de moi ou pas ?

....

- Face à une difficulté, qu'est-ce qui est à 100 % sous mon contrôle ?

....

- Comment est-ce que je délègue ?

....

- À qui suis-je prêt à faire confiance ?

....

- Où et quand ne suis-je pas indispensable ?

....

Je ne fuis pas ma quête de sens

Aujourd'hui, ceux d'entre nous qui travaillent font souvent l'erreur d'attendre que ce soit l'entreprise qui donne du sens à leur vie. Mission impossible bien sûr, car le sens, c'est en nous que nous pouvons le trouver, et non à l'extérieur de nous-mêmes. Comme dans toute dynamique d'apprentissage, personne d'autre que nous ne peut trouver le déclic. Les entreprises doivent définir et garder leur cap, mais pour être motivés à tenir ce cap, il faut que ceux qui travaillent puissent s'inscrire dans un projet qui fasse sens pour eux. La quête de sens, c'est aussi ce qui est juste au moment où cela advient. Si nous vivons dans une course contre la montre pour mener à bien un projet qui ne peut pas s'inscrire dans notre contexte de vie, nous allons générer des frustrations. Cela ne va pas faire sens pour nous de la même manière dans une étape de vie où nous démarrons une relation ou une activité que dans celle où nous la terminons. L'antidote consiste à analyser la manière dont nous définissons notre objectif et notre projet. Il s'agit de tenter de donner du sens dans les trois dimensions de la relation à soi, à l'autre et au système, car on peut être aligné au système mais être en chaos avec soi-même parce que cela ne fait pas sens pour soi. La présence à soi et à ses choix induit en outre la synchronicité des bonnes rencontres. Les choses se mettent en place naturellement ; un flux opère. Il est important de prendre le temps de redéfinir ses objectifs, de se réaligner et d'aller à l'essentiel : qu'est-ce qui nous fait dire que nous avons donné un sens à notre vie ?

Apprivoisez votre quête de sens

Quelques questions pour cheminer :
- Quelles sont les valeurs les plus importantes pour moi ?

....

- Comment est-ce que je fais vivre ces valeurs ?

....

- Qu'est-ce qui est non négociable dans ma vie ?

....

- Qu'est-ce qui fait sens pour moi ?

....

- Comment est-ce que je fais mes choix ?

....

- Que suis-je prêt à lâcher qui n'est pas cohérent pour moi ?

....

Je fais de mes imperfections mes alliées

L'imperfection, c'est une pression, subie en particulier par les femmes qui veulent être sur tous les fronts : mère, épouse, collaboratrice, carriériste et ambitieuse. L'imperfection touchera sans doute moins les jeunes générations qui considèrent spontanément que nous sommes tous imparfaits. De manière empirique, on a pu observer qu'une tranche d'âge semble plus concernée par cette exigence d'une vie parfaite sur tous les plans, celle des personnes nées entre les années 1960 et 1970.

Un coach d'hédoperformance travaillera sur les permissions, sur les croyances qui limitent, sur les «Je dois» ou les «Il faut». Et soulignera que la perfection est mortifère, car être parfait cela signifie-t-il être achevé ? Il travaillera aussi sur la compréhension des erreurs commises ou des échecs vécus. Qu'est-ce qui est parfaitement imparfait en moi et qui fera que l'autre pourra être complémentaire et non en compétition ? Les cinq pressions existentielles (solitude, finitude, contrainte de responsabilité, recherche d'un sens et imperfection) sont étroitement liées. Un travail sur l'image de soi permet aussi d'analyser la manière dont on se perçoit et de souligner que, si on ne se définit que par le regard de l'autre, on tombe aisément dans le piège de la perfection. On renforce l'estime de soi en apprenant à rire de soi, notamment par la dynamique du *kasala*, tradition africaine de l'autolouange (voir p. 13), pour pouvoir ainsi nous louer nous-mêmes dans toutes nos dimensions. L'imperfection, c'est se connecter à de la vulnérabilité, apprendre que montrer ses forces peut être une faiblesse et que montrer ses faiblesses peut être une force. Cette vulnérabilité est indispensable dans la gestion de nous-mêmes, dans l'acceptation de toute notre dimension émotionnelle. Dans les entreprises survit encore la croyance extrêmement forte et limitante que les émotions n'y ont pas leur place. Les gens ne sont pas là pour geindre, pour rire ou pour se plaindre.

Mais alors, où dépose-t-on nos émotions? Sans place, on en a vite «plein le dos» – les maux de dos sont de plus en plus fréquents. Et il devient difficile de tenir le cou(p). L'antidote est de faire de sa vulnérabilité une alliée, d'oser l'exprimer, d'oser pleurer et d'être joyeux. *A contrario* de ce climat qui prône une joie superficielle à coups de «Souriez, vous êtes filmé» – alors qu'être en état de joie est bien plus profond –, c'est, au-delà du sourire contagieux – nécessaire par ailleurs –, aller chercher cette part de vulnérabilité en nous, l'accepter, car notre intuition se nourrrit d'elle.

Nous vivons tous des moments de solitude et de finitude, nous sommes imparfaits, nous voulons assumer nos responsabilités et donner du sens à notre vie. Ces pressions que nous éprouvons à un moment ou un autre de notre vie, nous pouvons les accueillir plutôt que d'en faire des ennemies, les faire vivre en nous. C'est un cheminement long mais passionnant.

Ce cheminement vers l'acceptation est un processus qui offre du renouveau, à la manière de la nature qui renaît chaque printemps, de la montée de sève dans les arbres après une période de rude climat. Sa magie et sa puissance sont de montrer que les ressources enfouies reviennent toujours et peuvent éclore, que de nouveaux possibles peuvent être semés et trouveront racine.

Apprivoisez votre imperfection

Quelques questions pour cheminer :
- Si j'étais assis à la place de telle personne, que ferait-elle de mieux ou de moins bien que moi ?

  ....

- Qu'est-ce que je me permets de faire de manière imparfaite ? Et qu'est-ce que cela m'apporte ?

  ....

- Quelles sont mes limites ?

  ....

- Que m'ont apporté mes échecs ou mes erreurs ?

  ....

Quittez vos blocages pour avancer

Identifiez les transitions de vie dans lesquelles vous êtes : un déménagement, la ménopause, une séparation, un changement professionnel… Notez-les sur un morceau de papier, puis positionnez-les sur la colonne de gauche du tableau ci-dessous, afin d'identifier les zones de blocage et votre manière personnelle de passer à l'étape suivante.

Transition de vie	Événements de la vie	Possibilités qu'offre la vie	Incertitude du futur
Non-acceptation : victime	Ressentiment Frustration	Résignation	Anxiété
Acceptation : acteur responsable	Lucidité Confiance Réalisme	Ambition	Lâcher-prise Être acteur au présent

Chapitre 6

J'habite mon corps

Rappelez-vous : corps-esprit, esprit-corps, tout est lié.

Olivier Lockert

Notre singularité, c'est aussi d'être composés d'un esprit *et* d'un corps. Depuis quelques décennies, les études se multiplient qui mettent en avant les interactions entre le corps et l'esprit, nous rapprochant de pratiques ancestrales, telles que la médecine chinoise, qui envisagent l'individu dans sa globalité. Tout devrait donc être pour le mieux, le corps enfin réhabilité. C'est sans compter sur notre besoin de dominer les choses, de nous les réapproprier. Si nous prêtons désormais attention à notre corps, c'est souvent davantage en tant qu'objet de représentation qu'en tant que racine qui nous relie à la terre. Il n'y a plus dichotomie entre le corps et l'esprit, mais bien entre le corps que l'on ressent, que l'on habite, qui porte les empreintes de notre histoire, et le corps que l'on montre, que l'on habille, que l'on maquille, que l'on remodèle, qui passe par le regard de l'autre. En outre, avec nos téléphones portables et nos réseaux sociaux, nous ne faisons plus la différence entre le monde extérieur et l'intime. Nous vivons comme des enfants insécurisés et hypervigilants, accumulant un maximum d'activités pour neutraliser nos peurs et combler notre besoin de maîtrise.

Or, être pleinement présents à ce que nous sommes, exprimer notre unicité requiert que nous nous sentions bien dans notre corps, que nous prenions conscience que nous sommes des êtres mus par une énergie de vie à laquelle il s'agit de rester connectés.

Je suis conscient de mon potentiel énergétique

Tout est mouvement et tout est énergie, y compris nous-mêmes. Il importe que nous en prenions conscience, car nos peurs, nos colères, notre culpabilité ou notre jugement peuvent bloquer un de nos cercles d'énergie appelés « chakras ». Véritables « nœuds ferroviaires » du corps humain, ces derniers sont en effet au cœur de notre bien-être. Pour les hindous, les « chakras » (« roues » en français) sont nos centres énergétiques. Ils sont à la base de la médecine ayurvédique vieille de cinq mille ans. Les textes anciens en distinguent sept, situés le long d'une ligne qui suit le trajet de la colonne vertébrale.

- « Je suis » : le premier chakra, ou plexus, ou cercle d'énergie, est celui qui nous ancre, qui nous met debout.
- « Je désire » : le deuxième est celui qui nous connecte à nos désirs. C'est le chakra de notre identité, celui qui nous rend amoureux, celui de notre sensualité.
- « Je veux » : le troisième est celui de la volonté, de l'ego, de notre capacité à prendre notre place.
- « J'aime » : le quatrième est celui de l'amour avec un grand A, l'amour inconditionnel, l'amour de soi, l'amour des autres.

- «Je parle» : le cinquième est celui de l'expression, de la parole, de la créativité.
- «Je vois, je sais» : le sixième, appelé «troisième œil», est celui de notre intuition, de notre perception.
- «Je me sens relié» : le septième, situé au sommet du crâne, est celui qui nous ouvre à notre mission, à plus grand que nous, à notre spiritualité.

Chacun d'entre nous, en fonction de son histoire personnelle, accueille les changements ou les fuit, s'en réjouit ou les craint, se projette ou s'en écarte, se connecte ou se déconnecte de son énergie vitale. Prendre conscience du potentiel énergétique de nos chakras nous permet de veiller à maintenir fluides, dynamiques, éveillés et porteurs ces sept cercles d'énergie. De déployer notre corps et de nous relier à nous-mêmes et au monde extérieur.

Je me reconnecte à mon essence profonde

Nous sommes constitués de différents corps qui nous relient à notre essence et nous offrent notre dynamique de présence, à nous-mêmes et aux autres. Outre le corps physique, nous avons un corps énergétique aiguillé par nos sept chakras. Ces deux corps sont entourés par notre aura. Dans le langage commun, l'aura est définie comme un halo de lumière qui entoure notre corps physique. Chez certains d'entre nous, l'aura est vaste, lumineuse, puissante ; alors que chez d'autres, elle est éteinte, encore étouffée ou enfouie.

L'écoute de nos corps, des mécanismes énergétiques, est extrêmement puissante pour nous reconnecter à notre essence et libérer des nœuds émotionnels. Tout au long de notre histoire, des informations se sont progressivement logées jusqu'au fond de nos cellules, parfois de génération en génération. Aller à la rencontre de ces corps subtils est un vrai nid d'informations. Certaines pratiques thérapeutiques qui vont au-delà du verbe et de la mise en mots offrent un vrai voyage intérieur qui ouvre et libère nos corps vibratoires et subtils – notre aura et nos chakras.

Parmi ces pratiques, l'olfactothérapie est puissante et intense. Cette méthode psycho-énergétique se fonde sur le fait que la zone du cerveau associée au sens olfactif est en liaison étroite avec la zone limbique, siège de nos réactions les plus subtiles, comme les émotions, la mémoire, la libido et l'intuition. L'odorat est celui de nos cinq sens qui permet le mieux de nous mettre en lien avec notre partie énergétique émotionnelle et inconsciente. L'olfactothérapie se sert de la capacité évocatrice des odeurs pour retrouver l'origine enfouie et oubliée d'une tension, d'un traumatisme, d'un blocage. La «douche de lumière» figure parmi les exercices proposés : il s'agit de choisir à l'aveugle dans le coffret de l'olfactothérapeuthe une huile essentielle. En fonction de la synergie que l'on a choisie, le thérapeuthe peut notamment expliciter le lien avec le chakra qu'elle connecte ou les nœuds émotionnels qui subsistent. Les odeurs de certaines huiles essentielles sont en effet reliées par leur fréquence particulière aux sept chakras. Chaque huile essentielle réveille ou apaise plus spécifiquement un des chakras. Parmi les 76 huiles présentées, celle que l'on choisit peut ouvrir des chakras bloqués, donner du sens à ce que l'on vit et aider également à déployer notre aura. Le fort pouvoir d'évocation de l'odeur choisie peut permettre de remobiliser nos ressources, de donner place à nos priorités et de dire non à tout ce qui n'est pas en harmonie avec notre être profond.

L'olfactothérapie

L'olfactothérapie est une approche puissante pour mieux se connaître. Grâce à ces séances olfactives, plus que d'être installée, la paix intérieure est amplifiée ; les autocensures tombent. L'olfactothérapie permet de veiller à l'harmonie interne et générale des sept étages symboliques vibratoires majeurs. Chaque thérapeute choisit le soin ou le protocole le plus adapté. Outre la « douche de lumière » qui permet d'accueillir chacun des chakras, un autre exercice consiste à équilibrer nos énergies yin et yang ou à se focaliser sur la libération d'un chakra bloquant. Chaque huile, avec sa spécificité, invite à une méditation guidée par l'olfactothérapeute. Tous ces rituels de détente permettent la reconnexion à nos profondeurs, à nos mémoires cellulaires et à notre aura. Pour vivre cette riche expérience, vous pouvez trouver un olfactothérapeute près de chez vous, *via* le site www.olfactotherapie.com/annuaire-olfactothérapeutes.

Je reprends racine

Avez-vous déjà observé que certains enfants marchent sur la pointe des pieds ? Ou qu'un de vos proches déambule avec le haut du corps projeté en avant ? Ces démarches peuvent être le signe d'une forme de dispersion ou d'échappée trop longue dans l'imaginaire. *A contrario,* d'autres personnes, qui évoluent les épaules en arrière et les talons plantés dans le sol, peuvent avoir tendance à être trop terre à terre, réticentes à l'innovation et conservatrices du passé.

Constance, 30 ans, responsable qualité, ne parvient pas à tenir ses objectifs, à rester concentrée et à se fixer des priorités. Elle a changé quatre fois d'emploi, aime faire plein de choses à la fois, démarrer trois livres en même temps, et se sent dans un sentiment d'urgence permanent. Par des exercices corporels, elle a pu se rendre compte qu'elle se tenait toujours sur la pointe des pieds et a appris à s'asseoir et à se remettre debout plusieurs fois d'affilée jusqu'à sentir ses deux pieds bien enracinés dans le sol. Même en position assise, elle veille désormais à poser ses plantes de pied à plat sur le sol, à les sentir. Cet exercice physique est aujourd'hui un ancrage dont elle se sert chaque fois qu'elle a l'impression de se disperser.

Prenez un bain de lumière

Allongez-vous dans un endroit confortable. Pour commencer, prenez quelques respirations, inspirez, expirez profondément... Puis revenez à votre respiration normale.

1. Imaginez une clairière. C'est un après-midi d'été, il fait bon, il y a de l'herbe, de la mousse. Vous cherchez du regard un endroit confortable, parfaitement à l'abri. Laissez votre corps s'allonger là, dans cette belle clairière où vous vous sentez bien.

2. Laissez entrer un faisceau de lumière par vos deux pieds. Inondés de chaleur, vos pieds se relâchent. Laissez doucement monter le faisceau dans vos tibias ; vos mollets se relâchent. La lumière gagne vos genoux ; elle circule à présent dans vos cuisses, monte tout en douceur dans votre bassin, vos parties génitales, pour rejoindre le thorax, le buste. Tout se détend. Le faisceau lumineux coule maintenant dans vos bras, vos coudes, vos poignets, vos mains et vos doigts, qui se relâchent. Appréciez cela. Il n'y a rien d'autre à faire, juste à savourer.

3. La lumière envahit à présent le bas de votre colonne vertébrale, votre coccyx, et remonte tout doucement, vertèbre après vertèbre, le long de votre colonne, circule dans vos tendons, vos muscles, les disques entre vos

vertèbres, jusqu'aux cervicales. Tout votre corps se relâche et se détend. Tout est calme pour accueillir cette lumière qui monte vers le crâne, l'occiput, le cuir chevelu, puis descend vers le front, les tempes, et arrive aux oreilles jusqu'à l'intérieur du conduit auditif. Le doux faisceau atteint vos yeux, vos paupières, qui se relâchent et se détendent. La lumière descend vers les ailes du nez, à l'intérieur du nez, et remonte jusqu'aux sinus.

4. Le nez, la muqueuse des sinus se relâchent et se détendent. Puis cette lumière coule vers le menton et les lèvres, puis à l'intérieur de la bouche, le palais, la langue, les dents et les gencives, les racines des dents et toute la bouche est envahie par cette lumière… Tout se détend et se relâche. Tout votre corps est maintenant un corps de lumière et de paix. Goûtez-le en inspirant et en expirant profondément. Prenez ce temps.

5. Reprenez maintenant contact avec les sensations de votre corps ici et maintenant, sentez chacun des points d'appui sur le sol et accueillez l'énergie qui circule. Revenez consciemment à l'endroit où vous êtes allongé, en emmenant toute la lumière qui vous a réchauffé. Étirez-vous, asseyez-vous, calme et tranquille, rempli de la sérénité que vous a procuré ce bain de lumière.

6. Imaginez que vous avez pris soin de communiquer avec ces parties de vous-même qui souffraient encore du passé, que vous avez soigné vos plaies, que la douleur s'est apaisée et que vous êtes à présent davantage vous-même. Que feriez-vous aujourd'hui qui serait différent d'hier? Votre cheminement passe par le respect de vos désirs, de vos rêves les plus fous. Emmenez-les avec vous, en vous engageant à ne pas les oublier.

La première partie de cet ouvrage s'est attachée à montrer que pour atteindre l'hédoperformance ou se sentir bien au travail et dans notre vie, nous devons d'abord apprendre à nous connaître, c'est-à-dire à connaître nos talents, nos limites, notre propre singularité. Oser être pleinement nous-mêmes pour prendre notre juste place et trouver du sens. Nous avons tous en nous la capacité de trouver notre essence profonde et de rejoindre la dynamique de l'authenticité.

Grâce à ce parcours, nous sommes prêts à nous ouvrir pleinement à la relation, qui est un lien qui libère. Si nous n'arrivons pas à la vivre, nous restons dans un lien de fusion qui est toxique. Une énergie fusionnelle est vouée à mourir, car elle ne laisse plus de place à l'espace, à l'identité, à la différentiation.

Entrons donc maintenant dans la sphère de la relation, qui va poursuivre ce périple intérieur et nous donner accès aux relations saines et porteuses.

La sphère de la relation : m'ouvrir aux autres

« Relation » vient du latin *relatio,* qui signifie « récit » ou « narration ». Selon la première définition, ce sont des paroles qui relatent, qui rapportent en détail. D'après la seconde, c'est un récit fait par un voyageur, un explorateur. Qu'est-ce donc qu'une relation qui lie deux individus sinon le fait qu'ils se racontent l'un à l'autre leur voyage intérieur, leur vécu, leur histoire ? Qu'ils entrent en résonance ? Mus par notre vécu familial et notre histoire personnelle, nous érigeons nos propres constructions du monde, nos propres fictions qui croisent celles des personnes avec qui nous entrons en relation. Il nous arrive trop souvent d'être dans l'implicite en nous imaginant que l'autre va comprendre nos émotions, nos besoins, nous doutes, nos vérités. Or, c'est dans cet implicite que nos relations se piègent.

Les difficultés rencontrées dans nos relations peuvent aussi être déclenchées par un manque d'écoute ou de reconnaissance, une mauvaise relation avec nos collègues, nos collaborateurs ou nos proches. Écouter l'autre, apprendre à le regarder, éviter l'implicite et être présent corps et âme dans la relation sont autant de pistes qui permettent de briser ces freins. Tout comme s'assurer de la façon dont, dans une équipe, en famille ou entre amis, les liens s'articulent et rendent chacun important. L'analyse de ce qui se joue dans nos relations, à l'intersection de nos systèmes de croyances, peut ouvrir des brèches, nous permettre d'inventer de nouveaux scénarios de vie et d'enrichir nos rapports aux autres. Pour que la relation devienne un lien qui libère, il faut que nous nous mettions à leur écoute, dans une position de non-vouloir, sans intention. C'est la condition pour qu'un champ se crée et prenne forme entre deux êtres.

Chapitre 7

J'écoute

Celui qui sait écouter deviendra celui qu'on écoute.

Vizir Ptahhotep

Après avoir traversé la dynamique du moi centrée sur un cheminement en soi, c'est par l'écoute que nous allons aborder l'énergie relationnelle, deuxième sphère de l'hédoperformance. Car rencontrer l'autre, c'est avant tout le comprendre avant de vouloir se faire comprendre. Accepter que ce que j'entends de lui me transforme, enrichit la relation, et met fin aux *a priori* et aux jugements. Le piège dans lequel on tombe souvent est de savoir ce qui est bon pour l'autre avant même d'avoir entendu ce qu'il vit.

La curiosité est le début de la paix

Le premier levier d'une qualité d'écoute, c'est notre capacité à être curieux, à nous étonner et à poser des questions. Les champions toutes catégories sont les enfants qui, pour découvrir le monde, ne cessent de questionner. Malheureusement, beaucoup ont été freinés, sinon stoppés, dans leur curiosité à cause de cette réponse récurrente : « Parce que c'est comme ça. »

Ce genre d'affirmation a arrêté bon nombre d'entre nous dans notre élan de découverte, nous soumettant à la fatalité ou à des *a priori*. Il est grand temps de réapprendre à questionner. Comment ? Par une méthode toute simple, le CQQCOQP : Comment, Quand, Qui, Combien, Où, Quoi, Pourquoi ? Autant de questions qui permettent à l'autre de s'exprimer au-delà d'un oui ou d'un non beaucoup trop réducteurs. Malgré le fait qu'on use et abuse de la technique des questions dites ouvertes, notre relation s'enferme encore bien souvent dans des questions fermées telles que «Tu vas bien ?», «Est-ce que tu ne trouves pas que tu devrais… ?», «Ne penses-tu pas que… ?» utilisées de manière automatique pour aller plus vite, pour rester dans notre zone de confort, pour nous donner bonne conscience… Conséquences : rencontres avortées, méconnaissance de l'autre, superficialité et relations ratées.

Devenir curieux par un questionnement ouvert est la première clé pour dépasser les *a priori*, les jugements hâtifs, les suppositions, et pour entrer dans une relation profonde et vraie avec l'autre. Écouter, c'est questionner vraiment.

Annick, 47 ans, a pu expérimenter le questionnement ouvert avec sa fille Alice qui cherchait sa voie. Les conseils étaient nécessaires mais pas suffisants. Elle s'est mise à la questionner ouvertement et Alice a pu lui exprimer le manque de confiance en elle qu'elle éprouvait bien souvent, les projets qu'elle voulait réaliser et non ceux que ses parents voulaient qu'elle réalise, le besoin de cohérence qu'elle ressentait, et surtout un grand désir de donner du sens à sa vie. Sans ce temps et cet espace de curiosité, sa fille aurait fini par s'enfermer dans une spirale de stress.

Les positions perceptuelles

Quatre postures, appelées «positions perceptuelles», constituent de bons outils pour entrer dans l'expérience de l'écoute. Il s'agit d'identifier une situation relationnelle récente qui a «frotté», dans laquelle on a eu du mal à comprendre une autre personne, à établir une relation fluide et optimale.

1. **La première position est celle que j'occupe («je»)** : je perçois la situation à partir de mon propre point de vue. Je réagis en fonction de mes critères, de ma «carte du monde».

   Exemple : à la fin d'une formation, Catherine vit un manque de communication avec un formateur dont elle attendait un *feed-back* motivé et détaillé du chemin qu'elle avait réalisé, *feed-back* qu'elle n'a pas reçu. Elle a manifesté sa frustration à la personne qui devait l'accompagner, sans avoir la sensation d'être entendue, malgré une tentative de discussion en direct, quelques textos et courriels. En coaching, elle exprime la situation telle qu'elle la perçoit, de son seul point de vue, avec ses références et ses critères.

2. **La deuxième position est celle de l'autre («tu»)**, quelle que soit la personne : son point de vue, ce qu'elle voit, entend, sent. J'adopte ses valeurs, ses croyances, ses émotions ; je me mets «dans ses chaussures».

   Exemple : Catherine se met à la place de la personne avec laquelle elle n'a pas pu communiquer. Elle exprime maintenant le point de vue de l'autre partie. Elle s'entend dire à la place de l'autre : «J'ai été surpris, je n'ai rien vu venir, tu semblais assez *soumise* et il y avait une complicité tacite entre nous.» Cette deuxième position, dissociée de son point de vue, lui permet d'évaluer et de juger l'interaction avec son formateur à partir du modèle de son monde à lui, de ses critères et de ses croyances.

3. **La troisième position est celle de l'observateur («il»)** : je vis la scène comme un observateur extérieur à ce qui se déroule.

   Exemple : Catherine rend compte de ce qu'elle a observé, comment les deux points de vue se croisent, ce que l'un suscite comme réponse de la part de l'autre. Elle prend conscience que le fait de ne pas avoir exprimé clairement pendant l'année écoulée une demande de *feed-back* a pu faire croire qu'elle se contentait de ce qu'elle recevait. Progressivement s'est créé un malaise, qu'elle a tu. Dans cette troisième position, elle observe le système d'interactions entre son modèle du monde et celui de son interlocuteur.

4. **La quatrième position m'associe à l'ensemble du système** : je ressens la situation en prenant en compte l'intérêt de l'ensemble du système. **Cette quatrième position est la position du «nous»** : le couple, la famille, l'équipe de travail, le service auquel j'appartiens, l'entreprise, l'organisme, la ville, la nation, l'humanité, la planète, etc. Je m'imagine être ce système avec ses différents organes.

   Exemple : Catherine relie la situation vécue à son mode de fonctionnement global. En cas de problème dans une relation, elle n'exprime pas rapidement ses émotions et son ressenti. Grâce à ce nouveau point de vue, elle décide de dire plus vite ce qu'elle ressent et de poser clairement ses limites.

Dans les chaussures de l'autre

- Identifiez une situation dans laquelle vous vous sentez incompris et/ou dans laquelle vous jugez l'autre, par exemple un désaccord professionnel, une déception amoureuse, une dispute avec votre conjoint, une incompréhension de la part de vos enfants…

- Installez trois chaises côte à côte dans une pièce. Asseyez-vous sur l'une d'entre elles et exprimez tout ce que vous vivez, ressentez, pensez de cette situation conflictuelle. En conscience, préparez-vous à entrer dans l'univers de l'autre en devenant totalement lui. Asseyez-vous sur l'autre chaise et «jouez» tout ce qu'il vit, ressent et pense de la situation.
- Puis revenez sur la première chaise et observez ce qui a changé dans votre perception et votre compréhension de la situation.
- Asseyez-vous ensuite sur la troisième chaise, celle du «il», du sage, de l'observateur, et faites part de tout ce qu'il ressent et pense de la situation.
- Enfin, revenez sur la première chaise et observez ce qui a changé dans votre perception et votre compréhension de la situation après ce passage par le «tu» et le «il». Formulez ce que vous pourriez faire différemment dans votre dynamique relationnelle, celle du «nous».

L'empathie

L'exercice des positions perceptuelles permet de se mettre en empathie avec l'autre, d'aller le chercher non pas où l'on veut qu'il soit, mais là où il a envie d'aller, sans s'enfoncer pour autant dans son questionnement.

Au cours d'un module de coaching en entreprise, Fabien, 30 ans, a fait part de ses interrogations au sujet de son épouse qui désirait passer d'un mi-temps à un temps plein. Lui même appréciait qu'elle travaille à mi-temps car ils avaient un enfant en bas âge. Après s'être mis dans la position de sa femme, de retour dans sa propre réalité, il a pris conscience qu'il lui demandait souvent de justifier de son emploi du temps avec des questions telles que : «Qu'est-ce que tu as fait de ta journée?» Le fait de s'être mis «dans les chaussures» de sa femme lui a ouvert des portes et permis de ne plus se montrer jugeant mais bienveillant : «Comment s'est passée ta journée?», «Comment te sens-tu?» Cette attitude permet d'interroger le mode de fonctionnement du couple sans se «victimiser» à deux : «Je t'ai entendue et comprise, et maintenant, comme je n'ai de maîtrise que sur moi, comment puis-je m'ajuster à notre relation?»

Se mettre en empathie, c'est se glisser pendant un moment dans la peau de l'autre pour comprendre sa réalité, sans y rester, mais pour prendre le recul nécessaire afin de construire un nouveau mode de fonctionnement et éviter les pièges et les schémas.

Lors d'un atelier sur l'écoute active, Sophie, 35 ans, professeure de français, a fait l'erreur d'entraîner l'autre dans sa réalité. Alors qu'elle était invitée à interroger la personne assise à côté d'elle pour découvrir qui elle était, elle a craint d'être intrusive et est restée dans des questions superficielles. Au moment de la présenter au groupe, elle a pris conscience du nombre de filtres et d'interprétations qu'elle exprimait : «Je vous présente Claire. Elle me ressemble dans ses hobbies. Comme moi, elle a peur de parler en public; et comme nous toutes, elle est un peu stressée...» Elle s'est rendu compte qu'elle était tombée dans le piège d'interpréter et d'inclure l'autre dans sa réalité plutôt que d'entendre la sienne. Et a compris l'importance d'être curieux de l'autre et d'aller à sa rencontre en choisissant des questions de nature plus profonde et surtout connectées à son univers.

L'écoute situationnelle

L'exercice de style qui consiste à poser des questions est plus que nécessaire mais pas toujours suffisant. Par exemple, dans notre écoute et dans notre relation d'éducation ou de responsable d'une équipe au travail, les techniques d'écoute sont à ajuster en permanence. Pour cadrer un enfant ou un adolescent, ou pour commencer un projet d'équipe, nous pouvons adopter la posture de manager : il s'agit de trancher, cadrer, structurer, planifier, organiser, mettre des limites et diriger.

Autre situation, autre posture : si nous entendons que l'autre a besoin de grandir vers son autonomie, nous pouvons l'accompagner en prenant une posture de mentor. Dans cette situation, nous conseillons, nous faisons référence à nos expériences, nous montrons ce qu'il faut faire ou ne pas faire. Cette casquette peut être nécessaire quand un enfant demande de l'aide pour se lancer pour la première fois dans une tâche… Mais encore faut-il placer ses conseils dans le bon contexte : «J'ai été jeune comme toi, mais tu devrais…» n'est pas souvent une réponse adaptée, la posture de mentor ayant pour but de faire grandir et non d'inhiber.

L'écoute active, celle du questionnement ouvert, ou la posture de coach, ouvre l'autre à l'expression de son âme. Une fois qu'un enfant ou un collègue a reçu les conseils qui lui sont nécessaires, il est ouvert au questionnement, à la remise en question, à la découverte d'autres vérités qui le porteront vers l'autonomie.

Écouter, c'est questionner, mais c'est aussi interroger la situation, autre manière d'aller chercher l'autre là où il est ; a-t-il besoin d'un cadre, de conseils, ou simplement de pouvoir exprimer ses inquiétudes ?

Éloge du lien social

«Je suis car tu es/Tu es donc je deviens/Je deviens pour t'aider à être.» C'est la phrase qu'a fait graver Albert Jacquard sur un passe-mémoire en métal planté dans le petit bois qui surmonte les fours à chaux de Chercq, près de Tournai, en Belgique. Lors d'une conférence donnée le soir de l'inauguration de ce passe-mémoire, le 18 septembre 2009, le généticien a retracé l'évolution de l'humanité et de la vie, le développement du cerveau humain aujourd'hui capable de performances nouvelles grâce au lien avec les autres. Il a souligné cette bifurcation des êtres intelligents devenus capables de communiquer et de s'enrichir de ce que les autres leur apportent. «Ce que je suis, a dit Albert Jacquard, ce n'est pas un assemblage d'organes, mais l'ensemble des liens tissés avec les autres.»

Chapitre 8

Je regarde

Le regard est le médiateur des cœurs.
Ce que la voix peut cacher, le regard le livre.

Georges Bernanos

Au-delà de contempler, nos yeux nous connectent à l'autre. «Notre regard en dit long», répétons-nous souvent. Ce qui intervient en premier quand on entre en relation avec quelqu'un, ce sont ses yeux et son visage. C'est ce que confirme Gérard Barrier, expert en analyse gestuelle et docteur en sciences de l'information-communication, à travers diverses études, dont l'une menée par l'institut suédois Max-Planck. Celle-ci a montré que nous nous intéressons principalement aux expressions faciales et attribuons surtout de l'importance aux mimiques du visage, à l'articulation labiale, aux hochements et rotations de la tête, et aux déplacements du regard. Cette visibilité prédominante du visage est liée aux conventions sociales (regarder les gens en face), mais aussi à la pertinence des indices qu'il apporte, sans cesse renouvelés et délivrés sous la forme d'un alphabet plus facilement décodable que les gestes manuels.

Les mimiques de notre visage, et surtout notre regard, sont donc un canal de communication extrêmement puissant. Dans les yeux, on lit la joie, la tristesse, la colère, l'inquiétude, l'amour. Nous négligeons trop souvent le fait que le verbal ne représente qu'une très faible part de la communication entre deux personnes. Plongés dans notre besoin de diffuser une parole presque incessante, sur le Net ou dans notre sphère privée, ou dans notre besoin compulsif de nous raconter, nous ne prenons pas le temps d'observer les personnes qui nous entourent.

L'hymne au regard

Si nos routes sont parfois jalonnées d'ombres, de peurs, de questionnements, de changements, l'hymne au regard est une invitation à :

- ouvrir les yeux pour observer le monde qui m'entoure ;
- changer de regard pour élargir ma vision ;
- visualiser ce que j'ai envie d'entreprendre ;
- prendre de la hauteur ;
- zoomer sur les petits détails qui peuvent devenir de grandes choses ;
- observer, contempler les moments de grâce du quotidien ;
- m'émerveiller de la singularité de chacun et (re)devenir curieux.

Autant de regards à choisir et à intensifier…

L'inverse de l'amour n'est pas la haine mais bien l'indifférence. Elle tue à petit feu, dévaste l'estime de soi et de l'autre. Pour éviter ce piège de l'indifférence, le premier outil à notre portée est tout simplement notre regard. Quand vous croisez les yeux de quelqu'un, presque tout peut être dit, partagé, compris. C'est fort, intense en émotions. La reconnaissance est la nourriture quotidienne de l'âme : parce qu'on est tous contents qu'on ait besoin de nous, de nous sentir utiles. Posez votre regard et tout s'enclenchera !

Une porte d'entrée vers l'autre

Nos yeux, notre bouche, nos mimiques, nos gestes, parlent tout autant que les mots que nous prononçons. Selon diverses études, dont celle reprise par le psycho-sociologue Roger Mucchielli dans l'ouvrage *Communications et réseaux de communication*[1], les signes non verbaux sont quatre fois plus efficaces que les signes verbaux. Résultats confirmés en Californie par deux expériences très médiatisées du professeur Albert Mehrabian qui démontrent que ce qui paraît le plus crédible pour l'interlocuteur qui reçoit votre message c'est à 55 % votre langage corporel, à 38 % votre voix, et à seulement 7 % les mots que vous prononcez ! Ces chiffres sont à remettre dans le contexte de l'expérience menée mais témoignent de l'importance du non-verbal.

Quand nous entrons en relation, nous nous focalisons souvent sur les mots que nous allons employer pour nous présenter, nous décrire, alors que ce qui prime, ce sont nos yeux, notre visage, nos mimiques et nos mouvements captés de manière inconsciente par les cerveaux reptilien et limbique.

---

1. *Communications et réseaux de communication* de Roger Mucchielli, ESF, 1999.

Le cerveau reptilien, siège des réflexes de survie, réagit de manière automatique. S'il perçoit instinctivement un geste ou un regard comme agressif ou intrusif, par pur réflexe il se déconnectera avant même qu'un échange verbal n'ait eu lieu. Le cerveau limbique, qui veille à notre confort, réagira tout aussi spontanément à un geste ou un regard qu'il perçevra comme désagréable. Nous pouvons donc en toute inconscience court-circuiter une relation avant d'avoir dit un seul mot, et même quand nous parlons à un interlocuteur, compromettre ou freiner l'échange établi par notre langage non verbal.

Et si nous sortions de nous-mêmes pour devenir conscients des émotions que la posture de notre visage ou l'expression de nos yeux véhiculent ? Et si nous prenions plus souvent le temps de regarder les autres au fond des yeux, pour observer leurs gestes et tout ce qui nous échappe, et affirmer ainsi leur présence ? Un temps de suspension de la parole, un silence qui crée le lien et qui permet à celui qui nous fait face de prendre sa juste place et d'être apprécié tel qu'il est.

Nos trois cerveaux

Dans les années 1960, un scientifique américain, Paul MacLean, a développé la théorie selon laquelle trois cerveaux distincts apparus au cours de l'évolution cohabitent en nous : le cerveau reptilien, le cerveau limbique (ou cerveau mammalien), et le néocortex (ou nouveau cerveau). Selon lui, ces trois cerveaux témoignent que sous sommes tous porteurs de notre évolution.

- Du passé primitif le plus ancien, nous avons gardé le cerveau reptilien, qui a pour fonction d'assurer la survie de notre espèce.

.../...

> Il maintient les fonctions vitales de l'organisme (boire, manger, se reproduire) et est responsable de nos réflexes de défense. C'est le cerveau le moins évolué mais le plus réactif. Il entraîne des comportements réflexes stéréotypés, préprogrammés. En cas de danger grave, il déclenche notre mécanisme de fuite.
>
> - Avec l'arrivée des premiers mammifères est apparu le cerveau mammalien ou limbique. Il permet de mémoriser les comportements agréables ou désagréables, et est par conséquent responsable de ce que nous appelons les émotions. Il nous rend capables de comprendre les interactions entre nos émotions et notre environnement. C'est le siège de nos jugements de valeur, souvent inconscients, qui exercent une grande influence sur notre comportement.
> - Ensuite, au stade bipède, est apparu le néocortex, qui est la partie supérieure de notre cerveau. C'est le siège de la pensée. Il nous permet de nous projeter dans le futur. C'est grâce à ces deux hémisphères que se développent le langage, la pensée abstraite, l'imagination, la conscience.
>
> Ce modèle reste d'actualité, même si les recherches en neurosciences ont montré que ces trois cerveaux communiquent constamment et exercent des fonctions différentes. Il a été complété par l'étude des hémisphères droit et gauche du cerveau.

Miroir, ô beau miroir...

L'autre est une merveilleuse occasion de nous connaître, de nous compléter, de prendre conscience de nos défauts, de notre part d'ombre, que nous ne verrions pas sans ce miroir. Celui qui est le plus différent de moi est celui qui me complète le mieux. On nomme cette dynamique « la complétude ». Un couple, par exemple, c'est un beau mélange de qualités et de faiblesses, une aventure passionnante mais parfois semée d'embûches ! Quelles qu'elles soient, les difficultés peuvent avoir une valeur initiatique pour ceux qui décident d'accepter les fluctuations du couple, d'en comprendre les raisons et de poursuivre ou non le chemin ensemble. On parle beaucoup d'intelligence émotionnelle et pourquoi ne pas y ajouter un brin d'intelligence relationnelle, ingrédient indispensable pour surmonter les crises que peut vivre un couple ? Et pour comprendre que, dans le rapport amoureux, l'autre n'est pas le miroir de notre narcissisme, ni une marionnette dont on tire les fils en lui imposant la façon dont on exige d'être aimé. Comme toute relation humaine, le couple est un espace de dialogue et de conflit, de tendresse et de violence, d'amour et de haine, de tensions permanentes.

Dans votre couple, qu'est-ce qui vous a attiré chez l'autre ? Vous êtes-vous déjà posé les questions suivantes : en quoi êtes-vous aimable pour l'autre ? En quoi pouvez-vous l'énerver ? Qu'est-ce qui, parfois, vous irrite et provoque vos reproches ? Et pourquoi ? Souvent, après avoir idéalisé le couple, nous réalisons à quel point chacun est unique. Nos différences sont des richesses et des sources de complémentarité, mais peuvent aussi se transformer en obstacles, qu'il importe de lever.

Levez les freins et les incompréhensions

Dans votre couple, vous vous confrontez parfois à une incompréhension réciproque. En mettant le bon dosage et en portant un regard différent et positif sur la complémentarité de votre relation, vous pouvez éviter les excès, trouver l'équilibre, aller chercher, grâce au miroir de l'autre, toutes vos facettes cachées pour ajuster votre relation à deux au fil du temps.

1. Découvrez vos pièges

Tout ce que vous avez en vous (vos qualités, vos potentialités, vos énergies) sont des ressources merveilleuses pour autant qu'elles soient bien dosées. Les excès d'une qualité peuvent «piéger», inhiber votre relation. Par exemple, vous vous dites : «Ma femme (mon mari) me reproche toujours d'être trop attentif(ve) aux autres, de me noyer, voire de m'oublier, de me piéger dans un rôle permanent de sauveur...»

Pistes proposées : il faut apprendre à doser votre qualité d'écoute et de présence pour qu'elle offre de l'empathie sans vous perdre ; accepter d'être apprécié et reconnu grâce à ce bon dosage.

Réponse : face au piège de l'interventionnisme (qui peut être un des excès de votre qualité d'écoute), assurez-vous qu'il y a une demande de la part d'un ami, d'un conjoint, d'un enfant avant de vous engouffrer dans une série de services ou d'aides qui pourraient être bien éloignés de ce que la personne souhaite vraiment. Écouter n'est pas partir dans l'action. Au contraire, un bon dosage de l'écoute invite d'abord à offrir votre présence et à éviter le piège de vous croire indispensable au bien-être des autres en intervenant sans cesse.

2. Définissez vos challenges

Quand vous êtes dans les reproches («Tu es trop radin», «Tu n'es jamais là», «Tu ne penses qu'à toi», «Tu devrais être un peu plus cool»), les «trop» et les «pas assez» s'enchaînent. S'ensuivent l'incompréhension, l'insécurité et les difficultés relationnelles.

Pistes proposées : que révèlent les reproches que vous adressez à l'autre sur vos propres manquements ? Quels challenges vous proposent les critiques que vous recevez ?

Réponse : vous pourriez peut-être exploiter votre capacité à penser à vous, à écouter vos besoins tout en étant aussi pleinement présent à l'autre par votre écoute...

3. Comprenez vos aversions

Quand les petits défauts de l'autre deviennent grands à vos yeux, agaçants, voire insupportables, vous pouvez ressentir de l'aversion. Celle-ci vous mène à la découverte de votre part d'ombre. Et si ce qui vous irrite chez l'autre vous rappelait quelque chose de vous ? N'est-ce pas ce que vous avez aimé chez l'autre qui vous agace parfois aujourd'hui ?

Pistes proposées : ce que vous reprochez à l'autre est souvent ce que vous ne savez pas gérer de vous ou ce dont vous avez le plus besoin…

Réponse : vous lui reprochez sans cesse son égoïsme, c'est un conflit permanent entre vous ! Si seulement vous pouviez vous en inspirer un peu…

Le piège des *a priori*

Nous avons tous tendance à émettre rapidement des avis, des jugements, des critiques sur les personnes qui nous entourent. Notre première impression sur les autres nous enferme bien souvent dans une vision réductrice et figée. Avec le risque de ne plus leur offrir la possibilité d'évoluer ou de changer. La puissance du regard peut être un cadeau ou une arme.

Après trois avertissements adressés à l'un de ses collaborateurs, Olivier, 45 ans, directeur des ressources humaines d'une entreprise alimentaire, a décidé de lui donner une dernière chance en lui proposant un accompagnement. Avant d'accepter la mission, le coach a voulu savoir quel regard l'équipe était prête à changer sur ce collègue. La réponse a été qu'aucun autre regard n'était possible : il était détesté. Le coach a fait savoir à Xavier que, malgré sa profonde remise en question, le regard extrêmement négatif porté sur lui ne lui donnait aucune chance de regagner la confiance de ses collègues.

Des regards qui en disent long

Baladez-vous dans la rue ou dans un parc. Cherchez le regard de toutes les personnes que vous croisez et décidez avant chaque rencontre du type de regard que vous poserez : de tendresse, de reproche, de jugement, d'amour,

100

d'accueil… Ressentez à chaque fois à quel point le regard choisi influence votre envie de rencontre ou de rejet, votre envie de créer du lien ou de fuir. Les yeux en disent tellement long. Encore faut-il prendre le temps de se rencontrer.

Chapitre 9

Je suis authentique

*L'authenticité ne consiste pas seulement à s'accomplir soi-même,
c'est par elle que s'accomplit toute chose.*

Zhongyong

Qu'est-ce qu'être authentique ? C'est s'accepter, s'aimer et s'assumer, avec responsabilité, face à soi et aux autres. Car il est impossible de s'assumer sans s'aimer, de s'aimer sans s'accepter, de vivre des relations vraies sans se dévoiler.

Le chemin vers l'authenticité se construit par petits pas. Il est important d'arrêter de vous battre pour devenir ce que vous n'êtes pas. Comme les pelures d'un oignon, les couches de jugement, de culpabilité, d'injonctions de toutes sortes se sont progressivement accumulées. Quitter cette lutte va vous apprendre à vous accueillir dans ce que vous êtes, comme le ferait un père ou une mère bienveillants. Vous allez ainsi pouvoir vous ouvrir à votre âme, votre essence d'être.

Cette ouverture vous permettra de vivre votre relation aux autres dans la dynamique du cœur, incluant vos ressources comme vos limites, vos peurs, vos freins respectifs. Être authentique ou être libre d'être soi est un processus intense et permanent d'ouverture à soi et à l'autre qui offre à chacun la possibilité d'être hédoperformant.

Le lien dans toutes ses étapes

Trois étapes chronologiques sont nécessaires pour s'ouvrir à l'autre et atteindre l'authenticité.

Dans toute dynamique de rencontre, la première étape est celle de l'inclusion : « Je suis important » au lieu de « Je me sens rejeté ». L'objectif est d'accueillir l'autre pour qu'il se sente vivant, intégré dans la relation. Nous sommes alors centrés sur le faire, dans un premier temps plus accessible que les émotions. Cela se traduit par des questions du type : « Qu'as-tu fait aujourd'hui ? », « Comment s'est passé ton week-end ? tes vacances ? »… Ce niveau de relation, naturel et léger, ne peut être contourné ou ignoré. En effet, le moment de l'inclusion est sécurisant pour tous ceux qui auraient peur de ne pas être reconnus, de paraître sans valeur aux yeux de l'autre. À l'inverse du rejet, l'inclusion permet la construction du lien.

Dans un groupe, par exemple, cette étape consiste à reconnaître que chacun fait partie du groupe et peut donc se sentir en sécurité. L'appartenance de chaque membre est validée par cette première étape. Cela se traduit par des questions du type : « Qu'allons-nous faire ensemble ? Quel projet nous réunit ? » L'enjeu est que chacun se sente bien, ne soit pas mal à l'aise. Au niveau du groupe, il s'agit, en d'autres termes, de bien confirmer que chacun est important. Mais il est dommage d'en rester là, parce que la convivialité masque l'intimité. C'est souvent le cas lors de *teambuildings* ou de réunions de famille où on reste dans l'accueil : on parle de la pluie et du beau temps, on n'entre pas dans la profondeur de la relation. Bon nombre de groupes, d'équipes, disent être bien ensemble lorsqu'ils font une activité. Mais s'arrêter à l'énergie du faire coupe la chance de vivre une vraie rencontre de chacun, dans son être. Être ensemble n'est pas que faire ensemble, c'est bien plus large que cela ! L'inclusion doit être soignée pour pouvoir permettre d'entrer petit à petit dans l'intimité, l'authenticité du lien.

La deuxième étape consiste à passer de cette première énergie de l'inclusion à celle de la légitimité : «Je suis compétent», au lieu de «J'ai peur d'être humilié». Nous acceptons d'apparaître légitimes aux yeux de l'autre et de le regarder comme quelqu'un de légitime. L'appropriation de cette étape requiert que nous dépassions notre peur d'être humiliés ou rejetés, en reconnaissant que chacun a le pouvoir d'agir, est responsable et capable. On atteint un niveau de confiance plus profond. La première étape crée un rapport de sympathie, une belle atmosphère, tandis que celle de la légitimité entraîne la reconnaissance mutuelle des compétences et des complémentarités de chacun. Le pouvoir est partagé, les règles du jeu clarifiées.

Après la sympathie et la compétence, se profile une troisième étape, celle de l'authenticité : «Je suis moi-même» au lieu de «J'ai peur de l'abandon». C'est l'étape de l'ouverture et de la sincérité. Pour y accéder, nous devons pouvoir nommer sans crainte nos besoins, nos doutes, nos questionnements. Nous devons pouvoir aussi lâcher prise et se donner du *feed-back* – le *feed-back* est la permission de dire à l'autre ce que l'on ressent dans la relation, ce que l'on vit bien ou mal. Par exemple, oser se dire : «Dans notre relation, les choses iraient encore mieux entre nous si…» Exprimer nos fragilités, nos besoins profonds, nos limites, nos ressources non encore dévoilées… donne une tout autre dimension à la relation. On passe de la relation superficielle au lien véritable. En quittant le faire et le savoir-faire pour l'être, en étant plus présents à nous, à nos ressentis, à notre manière de les exprimer, nous rendons aussi les gens plus importants à nos yeux. Il est assez naturel de se dire ce que l'on fait, relativement naturel de parler de ce que l'on pense, de la manière dont on trouve l'autre et du besoin de se sentir bien jugé par l'autre, tandis que franchir la troisième étape, c'est-à-dire nommer ses émotions, requiert courage et estime de soi.

Quand nous n'arrivons pas à atteindre ce niveau d'authenticité, cela signifie que nous ne nous acceptons pas pleinement dans la relation avec l'autre et que nous mettons en place des mécanismes de défense dont il importe que nous prenions conscience. Qu'est-ce que nous contenons encore de nous, qu'est-ce que nous empêchons de nous? Répondre à ces deux questions ouvre la porte vers un lien plus fort car plus intime, sincère, vrai, authentique. Quand nous nous sentons dans un environnement que nous percevons comme hostile, nous nous contenons et nous nous empêchons d'être nous-mêmes. Nous restons dans l'image, le paraître, le superficiel. Pour les dépasser, il faut que nous prenions confiance en nous, que nous sachions que nous pouvons montrer à l'autre notre fragilité. Que nous nous demandions ce que nous n'avons pas encore eu l'humilité de lui dire. Si on ne s'aime pas, si on ne se sent pas légitime, les mécanismes de défense résideront soit dans la critique («Tu ne m'aimes pas»), soit dans le dénigrement de soi («Pauvre de moi !»), soit, encore, dans le déni («Je ne vois pas où est le problème?»).

Nous pouvons rester au niveau d'inclusion ou de légitimité si nous le faisons en toute conscience, par choix. Mais pour qu'une relation de couple, de parentalité ou d'amitié puisse perdurer, on ne peut faire l'économie de l'authenticité. Car l'authenticité va au-delà de la confiance. C'est l'amour de soi et l'amour de l'autre.

L'implicite et ses pièges

Dans tous les systèmes auxquels nous appartenons, que nous le voulions ou non, nous sommes pleinement des êtres de relations. En contact permanent avec le monde qui nous entoure, nous sommes amenés à nous inscrire dans une multitude de contacts. Certains d'entre nous, les plus introvertis, diront qu'ils n'en ont pas besoin. D'autres avoueront qu'ils sont incapables de rester seuls. Certains privilégieront quelques amitiés, tandis que d'autres voudront se sentir largement entourés. Chacun de nous s'investit à sa manière dans l'énergie relationnelle.

Et si nous prenions le temps de nous interroger : «Comment est-ce que j'aime?», «Comment est-ce que je le montre?», «Comment est-ce que je le dis?», «Comment puis-je être sûr que l'autre m'a compris?», «Comment le sait-il? le vit-il? le reçoit-il?». L'amour est un paradoxe. C'est l'état le plus désiré, recherché et, en même temps, le plus maltraité. Car chacun de nous développe des auto-saboteurs, c'est-à-dire des attitudes qui déclenchent le contraire de ce qui serait bon pour nous. Dans ce domaine, nous pouvons faire preuve d'une incroyable créativité !

Or, pour nourrir la relation, il est bon d'exprimer nos émotions et nos ressentis. On présuppose souvent que l'autre sait, sent, qu'il n'y a donc pas besoin de dire… Ces non-dits installent des habitudes de silence qui créent des gouffres d'isolement, des manques, des frustrations, des déceptions, des interprétations…

> Lors d'un entretien, Philippe, 57 ans, fils d'un chirurgien renommé, s'est dit content d'avoir renoué des relations avec son père. Il était transporté de joie de retrouver des moments de complicité intense alors qu'ils ne se parlaient plus depuis un certain temps. Il n'avait jamais mesuré combien, malgré sa profession prenante et exigeante, son père s'était investi pour sa famille et ses quatre enfants. Néanmoins, quand on lui a demandé s'il lui avait dit combien il était important pour lui d'avoir retrouvé cet amour, il a répondu qu'il ne l'avait pas fait car il présupposait que son père connaissait ses sentiments. Il a alors compris à quel point exprimer ses émotions et ses ressentis renforce l'intensité du lien.

Il est difficile d'être heureux au sein du système antirelationnel dans lequel, parfois, nous nous complaisons : parler pour l'autre au lieu de parler à l'autre.

Réapprenez à dire, à aimer

1. Dites « je », sans employer d'injonctions (le « tu qui tue »).
2. Constatez ce qui va bien, sans dévaloriser : ne faites pas qu'identifier le problème, mais construisez sur la confiance.

3. Arrêtez la menace et le chantage, car ils introduisent une insécurité dans la relation.
4. Arrêtez de culpabiliser l'autre en le rendant responsable de ce que vous ressentez ; ne lui faites pas porter le poids de votre inquiétude.
5. Créez des relations de réciprocité plutôt que de dominant/dominé.

Nos corps sont des témoins

La relation à l'autre se noue par le verbe, par ce qui se dit dans les étapes d'inclusion, de légitimité et d'authenticité. Mais aussi par ce que notre corps exprime, la rigidité ou la souplesse de ses mouvements. Le contact avec l'autre est verbal et corporel.

Bon nombre d'exercices sur l'estime de soi commencent par l'observation de la façon dont nous posons le poids de notre corps sur le sol. Certaines personnes marchent sur la pointe des pieds – difficile dans ce cas de se connecter à son authenticité –, d'autres appuient fortement les talons… Qu'on le veuille ou non, nous sommes en permanence en contact avec l'environnement (la nature, les autres…), nos cinq sens nous y éveillent, notamment celui du toucher. C'est un mécanisme de présence ou d'absence à ce qui se passe autour de nous. Notre présence dans la relation requiert tant le contenu (la parole) que le contenant (la forme que nous allons donner à notre contact). Observons comment nous sommes ancrés ou non, comment est notre toucher au sol : lourd ? léger ? fuyant ? ancré ?

Pour montrer la façon dont notre corps intervient dans nos contacts avec les autres, un exercice de coaching consiste à marcher pendant cinq minutes devant un groupe, puis de continuer l'exercice en pensant à un problème que l'on vit, non exprimé, tandis que le groupe observe ce qui se passe dans le corps (épaule qui monte, rythme de la marche qui change, yeux qui baissent ou partent dans toutes les directions…). Si nous marchons en toute spontanéité mais que nous nous mettons à penser à de lourdes préoccupations, l'organisation de notre contact est différente. Un exemple : mon père est violent mais j'ai besoin d'un contact avec lui. Dans la manière d'organiser mon interaction avec lui, je vais anesthésier mes sensations. Cette forme physique donnée au contact de mon père va se reproduire dans mes contacts avec d'autres. Je vais en arriver à me crisper et à m'organiser de la même manière dans ma façon de me mettre en contact avec les autres : ils peuvent me dire ce qu'ils veulent, je n'aurai jamais mal. La retenue corporelle va s'organiser et créer des fixités. Je ne m'adapte plus à l'autre, le contact me fait peur et je vais automatiser ces fixités. Réorganiser le contact, c'est aussi réorganiser le mouvement corporel, le repenser, regarder les points de fixité.

Dans une dynamique de contact, la partie de nous-mêmes que nous décidons de désavouer, de faire taire, sera toujours en recherche d'exister. Soit nous avons un corps que nous maîtrisons (tout est dans le contrôle), soit nous sommes un corps que nous habitons pleinement et que nous libérons. Nous connecter à notre authenticité, c'est prendre conscience que nos corps sont témoins de nos émotions non libérées qui se traduisent en paralysie corporelle, en tremblements, en battements de cœur… Et que nous pouvons sortir de nos fixités, changer de mode de perception et de rythme émotionnel, et réactiver en permanence notre capacité d'être en relation avec les autres. La fluidité du contact offre la possibilité d'être en permanence dans la souplesse de l'ajustement.

Chapitre 10

Je suis reconnaissant

*Il n'y a guère au monde un plus bel excès
que celui de la reconnaissance.*

Jean de La Bruyère

Quel regard je porte sur l'autre ? Comment je le reconnais ? Quand est-ce que je dis « merci » ou « bravo » ? Combien de fois je prends le temps de valoriser mes amis, mon conjoint, mes enfants ? Comment j'écoute mes proches ? Comment je reconnais l'aide de mes collaborateurs – car en donnant leurs idées, ils ont besoin de recueillir un peu le fruit de leur paternité !

Pour faire grandir la sphère de la relation, deux nourritures psychiques sont essentielles et universelles : la reconnaissance et l'amour. L'inverse, c'est l'indifférence. Il n'y a rien de plus blessant que de se sentir transparent ou inutile. Nous avons tous profondément besoin de signes de reconnaissance pour nourrir notre confiance en nous et par là même améliorer la qualité des relations que nous nouons.

Donner, recevoir, demander, refuser

Les signes de reconnaissance sont de véritables cadeaux. Dans la relation à l'autre, comment les donnons-nous? Quand je donne, est-ce que j'offre ou j'impose? Habituellement, les participants à des groupes de coaching disent éprouver de grosses difficultés à accorder des signes de reconnaissance à leurs équipes ou à leurs proches. Ils préfèrent distribuer des reproches plutôt que qu'offrir un compliment. Quand chacun est invité à dire merci et à offrir un compliment à son voisin de droite, le silence s'installe et les mots semblent difficiles à trouver.

Comment recevons-nous les signes de reconnaissance? Dans les groupes de coaching émerge une timidité, sinon un malaise, à accueillir pleinement les compliments. Certains disent qu'ils ne se sentent grandir que par les critiques négatives. Or l'âme de chacun a besoin de la nourriture inverse, c'est-à-dire de signes de reconnaissance positifs. Il est destructeur de croire qu'on ne se construit que par le négatif. Nous avons tous besoin d'un regard bienveillant que le manque de confiance en nous nous empêche parfois d'accueillir («Il ne fallait pas», «Tu exagères»). Les recherches menées ces dernières années sur le cerveau de l'enfant montrent qu'une éducation bienveillante, empathique et soutenante favorise le développement affectif et cognitif de l'enfant. *A contrario,* les humiliations verbales et physiques freinent ou empêchent la maturation du cerveau et peuvent entraîner des troubles du comportement comme l'anxiété ou l'agressivité.

Outre la frilosité, un autre piège qui peut restreindre notre capacité à recevoir des signes de reconnaissance, c'est de les exiger. C'est souvent le cas au sein d'un couple quand un des conjoints, mû par une énergie fusionnelle, exige sans cesse de l'autre qu'il lui donne des témoignages de son amour. Exiger, c'est tomber dans le piège de la fusion et de l'exclusivité, ou de manipulations insidieuses. La dynamique du recevoir est de pouvoir accueillir et non d'exiger.

Comment demandons-nous des signes de reconnaissance ? Très souvent, en entreprise, les collaborateurs expriment leur manque de *feed-back*. Mais plutôt que d'aller le demander ou de le proposer (« Que penses-tu de mon travail ? ») ils restent dans l'attente. *Idem* au sein du couple avec des questions telles que : « Que penses-tu du dîner que j'ai préparé ? », « Qu'est-ce qui t'a satisfait ou fait plaisir dans le moment qu'on a passé ensemble ? ». Ce sont les questions qui permettent de sortir des mauvais films qu'on s'imagine, des pensées négatives qui nous assaillent. Demander, c'est mettre en mots plutôt que de rester dans les présuppositions.

Comment les refusons-nous ? Lorsqu'un signe de reconnaissance négatif touche à l'identité (« Tu es une menteuse », « Tu es inca-pable », « Tu n'es jamais à la hauteur »), il est important de refuser ce « tu qui tue ». Refuser, c'est rendre à l'autre ce qu'il dit de lui par ses reproches. Je te rends ton mal-être, ta culpabilité, pour me libérer de tes projections. Quand je refuse des messages toxiques, je les renvoie à l'émetteur ; ils font partie de son histoire et non de la mienne.

Isabelle, 42 ans, directrice d'un département de communication, a ainsi « rendu » à sa mère tout ce qu'elle lui transmettait comme sabotages. Au travers d'un exercice d'écriture, elle s'est libérée des injonctions qu'elle avait entendues depuis l'enfance : « Tu n'es pas à la hauteur », « Tu n'y arriveras pas », « Tu peux être encore plus parfaite », « Tu n'es pas assez aimante », « Tu ne t'occupes pas de moi»... L'écriture lui a offert, de manière symbolique, le cadeau de pouvoir dissocier deux histoires : celle de sa mère, qui projetait sans cesse sur les autres son manque d'estime d'elle-même, et la sienne, qui était d'essayer de grandir et d'être pleinement elle-même.

La gratitude ou la dynamique du GAQ

Bernard, chef d'entreprise, accorde beaucoup d'importance à organiser des *briefings* avant de se lancer dans un projet, pour évaluer les risques financiers, les menaces de concurrence économique, les pièges à éviter... Il met ainsi ses équipes sous pression. En coaching, il a pu changer de point de vue en installant un débriefing du GAQ («Grâce à quoi»), plus porteur de développement, de motivation et d'épanouissement. Pour libérer le potentiel de chacun de ses collaborateurs, il a posé la question de savoir *grâce à quoi* les projets antérieurs avaient bien fonctionné, *grâce à quoi* l'esprit d'équipe s'était mobilisé, *grâce à quoi* le client avait été satisfait. En prenant du recul pour examiner et déterminer les facteurs des succès déjà obtenus, et uniquement ceux-là, en reconnaissant de manière détaillée et explicite l'apport et les talents de chacun, Bernard s'est donné toutes les chances de réussir à l'avenir ce qui avait déjà réussi par le passé.

Dans les relations avec un collègue, un enfant, un conjoint, attachons-nous à détecter toutes les pépites qui ont construit la qualité d'une relation ou d'une collaboration. Puis projetons dans l'avenir ce que ces succès nous permettront de faire encore mieux. Qu'un succès soit grand ou petit, ne nous privons pas de le modéliser, de dire merci et de mettre l'accent sur le plaisir que nous avons ressenti dans cette réalisation. Quittons les relations mortifères pour accueillir la magie de la gratitude.

Trois mercis par jour, en forme toujours !

Repérez au cours de vos journées trois petits ou grands gestes ou comportements qui vous ont mis en joie, et prenez le temps d'exprimer votre gratitude à la personne qui vous a fait plaisir.

Chapitre 11

J'acquiers mon autonomie

Notre autonomie se mesure à la qualité de nos amis.

Daniel Desbiens

Dans nos relations, nous prenons à 100 % la responsabilité de ce que nous percevons. Nous pouvons voir la relation comme aliénante, étouffante, enfermante ou, au contraire, décider de la vivre comme un lien qui nous affranchit de nos projections, de nos culpabilités. Prendre son autonomie dans une relation, c'est nous rendre libres pour vivre au plus près de l'amour inconditionnel. C'est faire exister les personnes que l'on rencontre dans une bonne image d'elles-mêmes. C'est le flux qui passe, le champ qui se crée et prend forme entre deux êtres.

La relation est un lien qui libère

La Gestalt nous apprend que nous sommes des êtres d'environnement, et qu'au travers de cet environnement c'est la rencontre qui nous fait exister, qui fait naître notre manière d'être au monde. Une rencontre nous rétrécit quand une autre nous porte, nous révèle.

117

> Marie, 40 ans, se sent profondément blessée par les paroles de son amie d'enfance. De manière brutale, celle-ci lui a déclaré que cela faisait longtemps, trop longtemps, qu'elle la fatiguait. Marie explique que son amie lui reproche de ne pas lui donner l'exclusivité, qu'après tout ce qu'elle lui a donné, elle ressent un profond déséquilibre dans la disponibilité et l'attention qui lui sont accordées. En racontant ces reproches, Marie comprend combien son amie l'enferme dans une relation de dépendance fusionnelle aliénante. Elle prend conscience que, pour rendre la relation saine, il faut permettre à chacune d'être unique et de recréer du flux.

La rencontre est le troisième élément d'une relation, le flux qui passe entre deux personnes. C'est sa qualité qui fera que chacun pourra se révéler. La confiance ne se décrète pas, elle se vit au travers d'expériences, de mots, de silences, de nos historiques respectifs clarifiés, bouclés. La vraie rencontre, le plein contact, c'est d'arriver sans tous les filtres de notre histoire personnelle, car ce qui est non résolu va immanquablement se rejouer. La relation a besoin de rythme car elle se vit, elle ne se décrète pas : elle est un organisme vivant, une surface portante grâce à laquelle nous savons que nous sommes importants dans le regard de l'autre et l'autre sait qu'il est important dans le nôtre. Une relation de qualité sera de pouvoir, dans le regard de chacun, s'assurer de sa légitimité, ses compétences, ses expériences, sans demander la permission d'être ce que nous sommes. La légitimité provient d'un environnement porteur. La confiance en la relation, c'est de pouvoir se donner des rythmes et des étapes pour construire des liens qui libèrent. Une relation fondée sur la satisfaction de manques mutuels provoque une charge émotionnelle lourde à porter. C'est toxique, car si l'une des deux personnes concernées change la règle, le système ne fonctionne plus. L'idéal dans la relation est que chacun puisse être bien sans l'autre, et que les deux puissent partager leurs complétudes et non combler leurs carences.

S'affirmer dans le respect de l'autre

Nous sommes ici dans le registre de l'assertivité. Pour qu'une relation fonctionne sainement, je dois m'y sentir bien et l'autre doit s'y sentir bien. Si je m'affirme trop, je ne respecte pas l'autre ; et si je respecte trop l'autre, je ne m'affirme pas. Plus précisément, dans nos relations, quand nous sommes sous stress, nous pouvons être soumis à trois types de réactions qui freinent ou empêchent notre assertivité.

- D'abord, la *passivité* : lors d'un conflit ou d'une relation inconfortable, avez-vous tendance à tout garder pour vous, à ne pas intervenir, à prendre tout sur vous ? Et, dans ce cas, à tomber dans le piège de la passivité, qui peut mener à l'effacement de soi.

- Êtes-vous au contraire dans l'expression de votre colère, de reproches ? Tombez-vous dans le deuxième piège, celui de l'*agressivité* ? qui peut mener à une grande violence dans vos relations au point d'effacer l'autre ou de le détruire.

- Enfin, vous arrive-t-il d'entretenir une relation qui va à l'encontre de vos valeurs et de celles de l'autre ? Si j'ai des valeurs d'amour et que je reste avec une personne que je n'aime pas parce que je veux obtenir d'elle sécurité financière et stabilité, je suis dans la *manipulation*. Je ne suis pas en paix avec moi-même et je ne mets pas l'autre en paix.

Affirmez-vous !

Parvenir à l'autonomie relationnelle signifie cultiver votre assertivité. Voici quelques questions qui peuvent vous aider à la renforcer.

- Qu'est-ce que je reconnais comme ressources chez toi ?
- Comment est-ce que je te le montre ?
- Comment est-ce que je te le dis ?
- Comment est-ce que j'entends tes besoins ?
- Comment est-ce que je te montre que j'ai compris ?
- Comment est-ce que je t'exprime mes besoins ?
- Comment est-ce que je te demande de les respecter ?
- Comment est-ce que je sais que tu as compris ?
- Quels sont les besoins que nous partageons ensemble ?

Vous n'êtes pas à l'aise dans votre entourage et trahissez qui vous êtes vraiment ? Vous êtes en décalage entre ce qui vous mobilise ou ce que vous subissez ? Vous pensez souvent à changer de vie mais vous préférez invoquer les raisons qui vous empêchent de le faire et vous ne vous en donnez pas les moyens ? Vous subissez vos choix et n'osez pas provoquer les opportunités ? Pourtant, vous créez le monde qui vous entoure par la manière d'y prendre votre juste place. Vitaliser la sphère de votre entourage est pleinement entre vos mains. Nous vous proposons différents chemins pour y parvenir.

La sphère du système : prendre ma place

Après nous être connectés à la sphère du moi, son potentiel, ses limites et ses freins, puis à la sphère de la relation, de la dynamique relationnelle, nous poursuivons le cheminement vers l'hédoperformance en entrant dans la sphère du système. Qu'il s'agisse du système familial, professionnel, amical, comment chacun prend-il sa juste place ? Comme dans une constellation ou un vol d'oiseaux, les énergies se régulent. Dès qu'un élément d'un système bouge, tout s'articule autrement.

La troisième sphère propose une approche globale : « Qu'est-ce qui fait qu'aujourd'hui je continue à m'enchanter pour l'entreprise dans laquelle je travaille ? » « Comment les systèmes permettent-ils à chacun de se réaliser ? » Si nous ne nous retrouvons plus du tout dans les valeurs de notre système, si nous sommes en perte de sens, de vision ou de projet, nous allons nous sentir désalignés et en incohérence. Comment retrouver fluidité et harmonie entre nous et les systèmes dans lesquels nous évoluons ? En prenant notre juste place, en trouvant notre propre équilibre, en harmonisant nos parts féminine et masculine, et en célébrant la vie.

Je trouve ma juste place

J'aimerais pouvoir chaque jour me réjouir que le soleil se lève, scruter la nuit cousue d'étoiles et, pétri de gratitude, prendre place parmi les vivants ; passer ma vie comme en vacances.

Frédéric Martinez

Vous êtes-vous déjà interrogé sur la manière dont vous prenez ou pas votre place ? Celle qui est juste pour vous ? Ni trop ni trop peu ? Plus que jamais, trouver et prendre sa juste place est un défi à relever. Il y a vingt ou trente ans, les places que nous occupions étaient davantage définies. En entreprise, un organigramme mettait tout le monde dans des cases bien précises tandis que les systèmes familiaux privilégiaient un droit d'aînesse et définissaient les rôles dans la fratrie. Aujourd'hui, la relation à l'autorité est totalement bousculée. Chacun prend la place qu'il veut et qu'il sait prendre. Cette évolution balaie les liens hiérarchiques, les modèles prédéfinis et offre à chacun l'opportunité de se positionner.

Je définis mes limites

Réussir à poser des limites dans les relations entre parents et enfants, entre conjoints, entre collaborateurs, tracer nos cercles de protection permet aussi de trouver sa juste place. Dans son sens premier, la limite est définie comme la ligne qui sépare deux territoires contigus ; elle a pour synonymes des mots comme « borne », « démarcation », « lisière »… Poser des limites, c'est délimiter ou marquer son territoire. Établir les frontières de nos espaces personnels au sein de notre couple, dans la sphère familiale ou professionnelle, définir notre place, c'est aussi dire qui nous sommes. Tout dépend néanmoins de la façon dont nous délimitons notre sphère d'intervention : en bornant de manière unilatérale notre territoire par un mur nous séparant des autres, ou en laissant ouvert un espace de négociation où chacun peut se situer. En laissant les frontières de notre environnement mouvantes ou en les clôturant ?

Fermer temporairement la porte à des relations toxiques ou destructrices, ce n'est pas la cimenter ou s'emmurer, mais prendre de la distance pour mieux se situer. Signifier à son enfant qu'il dépasse les bornes ou à son conjoint qu'il est trop envahissant, c'est dire non à l'étouffement et oui au respect de soi. Refuser de vivre confiné dans sa zone de confort, c'est s'ouvrir sur le monde.

Toute relation met en scène des enjeux de pouvoir, chacune et chacun tentant d'empiéter sur le terrain de l'autre. La qualité des liens noués dépend de l'acceptation de cette réalité et, par là même, de notre capacité à faire passer le pouvoir de l'un à l'autre entre conjoints, d'indiquer clairement à nos enfants les limites à ne pas dépasser, d'exprimer nos besoins à nos collaborateurs afin d'occuper notre juste place. Si, d'un côté comme de l'autre, dans chaque relation, nous pouvons reconnaître que nous sommes souvent freinés par notre passé, accepter nos limites et refuser d'être cantonnés dans nos peurs d'être rejetés, humiliés, abandonnés, trahis ou traités avec injustice, nous pouvons alors quitter les cercles du pouvoir et entrer dans le cercle de la vie et de l'amour.

Poser des limites requiert ainsi de dépasser les nôtres, défi qui prend tout son sens dans un monde qui n'est plus que lignes de démarcation, barrages, cloisons, murs, visas. Or, se positionner par le dialogue, trouver des solutions ensemble peut renverser des situations et déboucher sur de nouvelles limites. Repousser les frontières du mental peut aider à ouvrir d'autres portes. Au lieu de rester piégés par le passé, nous pouvons, comme dans les constellations familiales, valoriser l'espace pour y projeter notre configuration inconsciente et nous libérer de son emprise. Nous pouvons frôler nos contours, dépasser les barrières de nos croyances et aborder pleinement l'amour.

Dessinez votre sociogramme

Prenez une grande feuille de *paperboard* et des feutres de couleur. L'objectif est de dessiner le monde qui vous entoure en vous plaçant également sur le dessin. Votre conception du monde peut être plus ou moins large, à vous de choisir : votre monde familial, votre monde amical, votre monde professionnel ou, si vous le souhaitez, tous ces systèmes réunis. Laissez libre cours à votre imagination et à ce qui vient spontanément. Quand vous aurez terminé votre dessin, observez-le en vous posant les questions suivantes :
- Qui ai-je dessiné en premier ?
- Qui ai-je oublié ?

- Comment me suis-je positionné : au centre, à l'écart, petit ou grand ?
- Sur mon dessin, avec qui et grâce à quoi je me sens légitime ?
- En qui ai-je 100 % confiance ?
- Grâce à quoi ?
- Envers qui, quoi, suis-je méfiant ?
- À cause de quoi ?
- Quelles sont les personnes, quels sont les objets les plus proches de moi ?
- Qu'est-ce que cela dit de moi ?
- Sur ce sociogramme, comment puis-je définir la place que j'occupe ?
- En quoi cette place est-elle juste ou pas pour moi ?

Toutes ces réponses sont un éclairage symbolique sur la manière dont vous prenez votre place ou sur les stratégies que vous utilisez pour la prendre. Au vu de vos réponses, voyez ce dont vous avez besoin, ce qui vous manque et ce qui vous porte.

Les disques rayés

La quête de place est une angoisse existentielle à laquelle chacun de nous est consciemment ou inconsciemment confronté. En effet, le premier système dans lequel nous sommes arrivés est le système familial. La manière avec laquelle nous y avons pris ou pas notre place est déterminante sur la façon dont nous continuons à la prendre aujourd'hui.

Catherine, 40 ans, fille de médecin, benjamine de deux grands frères, seule fille, a développé une stratégie pour prendre sa place, celle de la course à la reconnaissance. Elle a choisi et réalisé des études correspondant aux souhaits de son père. Elle a « appris » à se taire car, dans sa famille, seule la parole des hommes est entendue. Elle s'est renfermée parce que, en tant que cadette, elle était considérée comme trop petite pour comprendre.

Aujourd'hui, Catherine continue à ne pas s'exprimer dans un groupe, à se soumettre aux avis masculins et à exercer un métier qui ne lui correspond pas. Cette stratégie s'appelle «la stratégie du disque rayé». Dans son système familial, professionnel et amical, Catherine n'est pas face à son père, n'est pas la petite sœur de deux grands frères, et pourtant elle rejoue sa manière de ne pas prendre sa juste place. Elle la prend trop peu, elle s'efface, elle se sabote.

Brigitte, 28 ans, en recherche d'emploi, se fait toute petite pour qu'on vienne la chercher comme elle le faisait enfant. Invitée par sa coach à penser à un environnement dans lequel elle se sentirait à sa place, l'image qui lui vient spontanément est celle de sa maison, où elle est entourée de son mari et de ses deux enfants. Elle visualise qu'elle se voit sourire, parler, raconter sa journée, et qu'il y a beaucoup d'échanges. Elle prend conscience que quand elle est dans un environnement peu familier, elle se tait, observe, analyse et entre dans une dynamique qui la rend transparente. Pour identifier les ressources qui l'aident à prendre sa juste place comme à la maison, Brigitte complète cette phrase : «Mon monde authentique, c'est un monde où......... qui m'ouvre à......... qui me permet de.........» et découvre les leviers qui lui permettent de se sentir à sa place : la créativité, la liberté, le partage. Grâce à cette connexion profonde, elle choisit de répondre à une offre d'emploi dans une agence de marketing. Elle se retrouve pleinement dans le profil recherché. Plus besoin d'être toute petite !

Et vous, quel disque rayé rejouez-vous ? De quoi avez-vous besoin pour vous en affranchir ? Qu'est-ce que vous vous empêchez de reconnaître en vous et que vous pouvez offrir au monde ? Vous avez droit à votre juste place et la seule personne qui la connaît, c'est vous. Si vous vous gommez, si vous vous effacez du système, vous vous coupez de vos talents et vous empêchez les autres de les découvrir.

Si vous prenez trop de place, qu'essayez-vous de combler? Qu'essayez-vous de remplir? Vous étouffez les autres et les empêchez d'être à vos côtés. C'est la toute-puissance. Ces deux stratégies sont des béquilles pour pallier un manque fondamental qui est l'amour inconditionnel de soi et des autres.

Chapitre 13

Je trouve mon équilibre

*Marcher, c'est retrouver son instinct primitif, sa place et sa vraie position,
son équilibre mental et physique. C'est aller avec soi, sans autre recours que
ses jambes et sa tête. Sans autre moteur que celui du cœur, celui du moral.*

Jacques Lanzmann

Trouver l'équilibre n'est pas une fin en soi, c'est un mouvement permanent, c'est nager dans le flux de la vie. Qu'est-ce qui fait que, lors de certaines étapes de vie ou en phase de changement, nous perdions pied et doutions de nous-mêmes ?

Les questions à se poser sont peut-être les suivantes : comment habitons-nous notre équilibre extérieur ? Que faisons-nous de trop ou de trop peu qui nous déséquilibre ? Que nous interdisons-nous de faire ou de ne plus faire pour être ? Comment habitons-nous notre équilibre intérieur, celui qui nous connecte à notre intelligence émotionnelle, à notre intuition, à notre sérénité ?

Qu'est-ce qui s'est passé dans notre voyage intérieur pour que des événements soient pleinement accueillis ou restent profondément bloquants ? La vie a ses étapes, la vie est transitoire. Notre équilibre est fondé sur la reconnaissance et l'intégration de nos essentiels. Et il évolue sous forme de cycles, d'étapes de vie.

Cristalliser mes fondamentaux

Chacun de nous possède son référentiel et est amené à incarner trois ou quatre piliers non négociables. Ces piliers représentent nos valeurs, notre ADN et sont le moteur de nos actions.

Le mandala de votre équilibre

Sur une feuille de papier, dessinez un grand cercle, divisez-le en quatre parties, et suivez les étapes suivantes.

- En bas, à gauche du cercle, symbolisez par un dessin d'où vous venez : quelles étaient les activités que vous aimiez le plus quand vous étiez enfant et quelles étaient les qualités, forces ou aptitudes que vous développiez en lien avec ces activités.
- Au-dessus, à gauche, symbolisez où vous en êtes aujourd'hui : votre métier, votre situation familiale, vos hobbies.
- En bas, à droite du cercle, symbolisez où vous voulez aller : vers quel équilibre vous voulez tendre, quels projets vous avez envie de concrétiser.
- Pour terminer, nommez dans l'espace, en haut à droite, ce que vous emportez et ce que vous laissez.

La réalisation de ce mandala met en évidence les étapes de transition indispensables pour cultiver la dynamique de l'équilibre. Clôturez l'exercice en trouvant un slogan, un titre, à cet équilibre. Votre slogan s'inspirera des éléments invariants des quatre parties du mandala.

Vivre mes saisons

Alors que tout change, tout bouge, dans le mouvement permanent de la vie et du temps qui passe, les étapes de transition par lesquelles nous passons génèrent des émotions, des états d'âme, des rêves, des peurs ou des envies. Elles sont liées aux expériences que nous avons vécues, aux empreintes qui ont façonné nos choix et à la dynamique avec laquelle nous avons entrepris et construit notre vie professionnelle, familiale et amicale. Mais ces phases de transition sont aussi reliées en profondeur à notre élan de vie et aux rythmes de la nature.

La manière d'entrer dans une nouvelle étape de vie, de vivre pleinement une nouvelle expérience est guidée par l'élan de vie qui est en nous, lui-même dépendant du rythme de la nature. Le changement, c'est le mouvement, c'est la vie ! La nature en sait quelque chose, avec le rythme des saisons, qui comme nos cycles de vie, viennent et reviennent, recommencent depuis des millénaires. Savoir reconnaître les causes de nos émotions et réaliser qu'elles sont naturelles est important. Par exemple, le fait de nous sentir dans le vague, d'avoir l'impression de revenir à la case départ ne signifie pas que nous fassions fausse route ou que nous ayons perdu notre temps. Nous pouvons prendre notre chemin intérieur en recherchant quelles sont les questions qui résonnent en nous aujourd'hui. L'autonomie des enfants ? Un nouveau challenge professionnel ? La séparation du couple et un retour à soi ? La liberté et un tour du monde ? L'engagement et la vie à deux ? Naissance et famille ? La retraite et un recul professionnel ?

Pour vivre ces étapes en bonne harmonie intérieure, nous pouvons les mettre en miroir avec les saisons et nous promener dans chacune d'entre elles.

- **L'automne** : c'est l'achèvement, le détachement, car tout a un début et une fin ! C'est le mois de novembre, les arbres se dépouillent. C'est le moment de boucler la boucle, de tourner une page, de lâcher ce qui doit l'être. Pour changer de place, il faut d'abord quitter le lieu d'où l'on part. Pour débuter un nouvel emploi, il faut avoir quitté ou perdu son poste précédent. Pour se marier, il faut quitter le célibat ; pour devenir parent, il faut renoncer à une forme de liberté (et à beaucoup de nuits de sommeil !). Pour devenir adulte, il faut quitter l'adolescence. Pour prendre sa retraite, il faut cesser le travail et aussi quitter collègues, habitudes et liens familiers… Pour aller vers, il faut d'abord partir, terminer, finir, boucler.

Questions pour ma transition : « Qu'est-ce qui m'encombre ? », « À quoi suis-je prêt à renoncer ? », « Qu'est-ce qui s'achève dans ce changement ? », « Que dois-je rendre ou lâcher ? », « De quoi ai-je besoin pour boucler la boucle ? ».

- **L'hiver** : c'est le moment de boire un chocolat chaud, de passer du temps au coin du feu, de partager dans l'intimité, de se replier sur soi… L'essentielle errance de l'hiver, cela peut être de faire le vide pour faire le plein, m'arrêter, me mettre en jachère, me mettre au repos pour me reconnecter à moi-même, au plus profond, pour retrouver mes racines, mes forces, pour aller chercher la sève, le potentiel trop longtemps enfoui, la flamme qui s'est éteinte… Inviter à un autre regard : me regarder, me connecter, me révéler.

  Questions pour ma transition : « Comment est-ce que je me vois ? », « Comment est-ce que je me regarde ? » Regardez tout ce que vous aimez en vous avec bienveillance. Et listez dix compliments que vous avez envie de recevoir ou de vous donner pour passer votre étape de transition. Cela peut être physique, lié à une expérience – qui vous a fait plaisir ou a réussi et que vous avez peut-être oubliée. Rappelez-vous d'un moment qui s'est bien passé, qu'avez-vous reconnu de vous ? De quoi avez-vous été fier ?

- **Le printemps** : la création, le recommencement. C'est la saison de l'action : semer, m'ouvrir, créer, me remettre en mouvement, voir ce qui naît, accueillir des projets, des rencontres…

  Questions pour ma transition : « Qu'est-ce que je sème ? », « Qu'est-ce qui me redonne de l'énergie pour créer ? », « Comment je vois les opportunités ? », « Quelles sont-elles ? », « Les graines de quels projets est-il temps de planter ? », « Qu'ai-je vraiment envie de faire naître, d'entreprendre ? ».

- **L'été** : l'abondance, ma cueillette. Je rayonne, je vis l'instant présent, tout est là, c'est la saison de la joie ! L'été est lumineux et je vois le monde qui m'entoure dans tout ce qu'il a de plus beau. Je célèbre !

  Questions pour ma transition : « Qu'est-ce qui m'empêche de voir que tout est là ? », « Comment vivre l'instant présent ? », « Qu'est-ce que je partage ? », « Comment est-ce que je rayonne ? », « De quoi ai-je besoin pour vivre pleinement, savourer l'ici et maintenant ? », « À qui, à quoi ai-je envie de dire merci ? »

Balisons nos routes au gré de nos saisons intérieures…

Vivez votre saison intérieure

Décrivez brièvement l'étape de vie dans laquelle vous vous trouvez. En pensant à chaque saison, écoutez vos sensations et vos besoins, et identifiez dans quelle saison intérieure vous vous sentez et celle dans laquelle vous avez besoin d'être, pour autant qu'elles soient différentes.

- **Printemps** : créativité, envie de bouger, sensations centrées sur le haut du corps, sentiment de légèreté.
- **Été** : gratitude, envie de profiter et de savourer, sensations centrées sur le thorax et dans le ventre, sentiment de paix et d'accomplissement.
- **Automne** : renoncement, envie de se dépouiller d'un «trop», de faire des choix, sensations centrées sur les bras et le dos, sentiment de fatigue.
- **Hiver** : ancrage, envie de se reconnecter, de retrouver ses racines et son ADN, sensations centrées sur les pieds, sentiment de profondeur et d'authenticité.

Élargir ma vision du monde

Dans bon nombre de ses ouvrages, l'anthropologue Philippe Descola montre combien notre façon occidentale de voir privilégie la sphère des humains – seuls capables de discernement rationnel, d'activité symbolique et de vie sociale – par rapport à la foule immense des non-humains, qui relèvent de la nature. Ce clivage a désenchanté le monde et rendu difficilement compréhensibles des cultures qui ne reposaient pas sur les mêmes principes, comme celles fondées sur l'animisme : les animaux, les plantes, les esprits et certains objets y sont traités comme des personnes, des agents intentionnels dont on dit qu'ils ont une âme, une faculté de discernement rationnel, de communication et de jugement moral, si bien que ce sont des sujets avec lesquels les humains peuvent entretenir des relations de toutes sortes. Ainsi, d'autres civilisations ne mettent pas de frontières là où nous les avons établies, entre humains et non-humains, culture et nature… Ces frontières bougent ou deviennent floues. Et si nous quittions parfois la sphère de la pensée toute-puissante et ses clivages pour faire corps avec nous-mêmes et avec les autres êtres vivants ? Reprenons racine, retrouvons le contact avec les plantes, les arbres, les petites bêtes qui les peuplent, le temps d'une promenade en forêt. Nous sommes la nature, chacune de nos respirations est une vibration, un souffle de vie.

Retrouver le plaisir d'être

Dans notre vie trépidante, soumis à un rythme effréné, nous perdons l'équilibre, nous ne savons plus qui nous sommes et où nous allons. Nous nous sentons poussés à agir jusqu'à laisser notre corps s'épuiser.

Sébastien, 35 ans, infirmier, vit un déchirement entre son métier de relation d'aide aux patients et le nombre de lits à assumer dans son service. En traçant un tableau de trois colonnes avec ses sources de stress, l'inventaire des pistes d'action et ses sources de plaisir, il voit combien il est difficile de remplir la colonne « plaisir ». Il se sent consumé. Pour sortir de cette spirale, il pratique un exercice de pleine conscience pour placer son attention au présent, écouter sa respiration, l'air qui rentre et qui sort avant un exercice de visualisation. Quelles images viennent, quels sons, quelles sensations, quelles émotions pour visualiser sa capacité d'aimer ? Quelles images viennent, quels sons, quelles sensations, quelles émotions pour visualiser sa capacité d'apprendre ? Même voyage pour sa capacité de créer, de transmettre et de savourer. Ce beau périple à travers ces cinq capacités centrées sur l'être lui a permis d'accepter de renoncer à son débordement et de retrouver un équilibre entre être et agir.

Pour retrouver le plaisir d'être, il n'existe pas de recette toute faite, mais quelques ingrédients essentiels. Croire en son potentiel en est l'un des principaux : disons-nous que rien n'est impossible et que grâce aux ressources dont nous disposons, nous pouvons changer de vie tous les jours. Cultivons nos émotions positives en soulignant ce qui marche dans ce que nous entreprenons et concentrons-nous sur ces succès. La peur, le découragement, le doute, la culpabilité, le stress sont des émotions paralysantes dont nous pouvons nous libérer. Si cela ne fonctionne pas, ne nous décourageons pas ou ne nous en prenons pas aux autres, il suffit de modifier notre approche et de nous mettre à la recherche d'autres moyens. Entourons-nous de personnes qui nous motivent et nous soutiennent, éloignons-nous de celles qui sont toxiques, nous dévalorisent et nous font douter de nous. Gardons le cap malgré les difficultés, ne nous focalisons pas sur les échecs, mais voyons-les comme un apprentissage de plus. Faisons confiance à la vie et sachons que plus nous sommes dans une dynamique, plus nous générons des événements en adéquation avec celle-ci. Et si, chaque jour, nous posions un acte, même infime, pour atteindre plus d'harmonie : un coup de fil, une rencontre, une lecture, une méditation pour nous recentrer ? Le bon moment est maintenant. N'ignorons pas notre besoin de vibrer, de nous dépasser, de nous élever, d'accorder nos projets à notre existence.

Chapitre 14

J'harmonise mon yin et mon yang

L'espace est ce qui fait que tout n'est pas à la même place. Le langage est ce qui fait que tout ne signifie pas la même chose.

Jean Baudrillard

Blanc et noir, jour et nuit, passé et futur, passif et actif, dominant et dominé, homme et femme… Le jeu des contraires imprègne toute notre culture occidentale. Nous pensons de manière duale. Dans la philosophie chinoise, par contre, le symbole du yin et du yang renferme la dualité de tout ce qui existe, l'harmonie et l'équilibre au sein de l'univers. Les deux principes ne s'opposent pas mais se complètent. Le yin, représenté en noir, qui signifie étymologiquement «ombre», évoque le principe féminin, la Lune, l'obscurité, la passivité, la réceptivité, l'intériorité, la gentillesse… Le yang (laissant apparaître le fond blanc), qui signifie «lumière», représente le principe masculin, le soleil, l'extériorité, la fermeté, la positivité, la luminosité, la chaleur, l'élan, etc. Ces deux forces, distinctes mais complémentaires, se retrouvent dans tous les aspects de la vie et de l'Univers. On ne peut les séparer, l'une est le complément de l'autre.

Notre pensée occidentale nous fait opposer ces énergies plutôt que de nous apprendre à les combiner. Elle nous pousse à nous scinder et à opposer nos parts féminine et masculine, à les réduire à des positions : dominant/dominé, actif/passif…

Depuis qu'elle est toute petite, Florence, 17 ans, a appris à être forte, à se relever des épreuves, à choisir ses hobbies, ses études, ses amis. Elle est fière de sa capacité à se battre, quelles que soient les difficultés. Elle adore la compétition, surtout pour gagner. Mais elle s'avoue incapable de rester plus d'un mois avec un amoureux. En se définissant elle-même par un vocabulaire et une énergie yin, elle met en exergue ses qualités de douceur, d'écoute, d'ouverture et d'amour, alors qu'elle avait depuis toujours pensé que toutes ces facettes étaient une fragilité.

Pour vivre en harmonie, en cohérence avec nos trois sphères, il est important que nous prenions le temps de comprendre la dynamique interne qui sous-tend toutes nos relations. D'accepter que, pour se construire, chacun – et par-delà chaque système – s'appuie sur des identifications tour à tour passives et actives, conquérantes et réceptives.

Des différences aux complémentarités

L'énergie du yang est celle qui tranche, qui sait, qui organise, structure, juge, cadre. L'énergie du yin est celle qui écoute, accueille, reçoit, apaise, protège. Ces polarités sont indissociables. Il faut les doser de manière équitable et ne pas tomber dans le piège d'une des deux faces de soi. L'énergie d'une équipe peut être mortifère quand chacun se regarde avec des lunettes de rejet : il est différent de moi, donc il n'a rien compris. C'est l'énergie du yang qui prédomine et qui provoque des conflits de pouvoir. Les différences séparent.

Dans la prévention du burn-out, souvent engendré par des relations toxiques et des rapports de force, il est important de se compléter afin que chacun puisse prendre sa juste place, se sentir utile pour l'autre, reconnu dans sa valeur ajoutée. Dans une analyse des tendances sociétales, Martine Clerckx, chasseuse de tendances, montre que nous sommes en train de passer d'une énergie managériale qui cultive les jeux de pouvoir, les différences, la méritocratie, l'individualisme, à une énergie de leadership qui fédère, rallie, emmène, celle du vivre-ensemble. Elle souligne que l'évolution du leadership conduit à l'affirmation que nous sommes tous leaders et que les jeux de pouvoir sont à proscrire. Martine Clerckx distingue sept types de leader : collaboratif, équilibré, audacieux, résilient, ouvert, authentique et responsable. Ces axes permettent de prendre le baromètre d'une équipe et de définir, par exemple, qu'il y a énormément d'audace mais un déficit d'équilibre ou d'ouverture.

Au niveau individuel, quelle est ma position privilégiée parmi ces sept axes ? Grâce à quoi suis-je audacieux, ouvert… Et quel est l'axe dans lequel je suis moins à l'aise ? En termes relationnels, comment est-ce que j'accueille les idées audacieuses émises par les autres ? Comment fais-je pour m'ajuster avec les autres pour que nos relations soient équilibrées ? Qu'est-ce que je prends comme responsabilité pour assurer une collaboration fructueuse ? Dans la sphère du système, comment chacun est-il valorisé dans un ou plusieurs des sept axes du leadership ? Comment les axes manquants sont-ils comblés en termes d'organisation ou d'espace de rencontre ? Comment l'organisation donne-t-elle vie à chacun des sept axes ?

Les trois sphères de l'hédoperformance sont là pour identifier la porte d'entrée où le bien-être pourrait coincer. Les sept axes de leadership peuvent également inviter une équipe à capitaliser sur ses points d'appui et à canaliser ses dysfonctionnements. C'est un bon exercice de diagnostic personnel ou collectif qui peut clarifier et aider à des décisions d'orientation.

De la compétition à la coopération

Dans beaucoup de domaines, l'univers se rétrécit, les licenciements se multiplient et nombre de personnes sont complètement désorientées. Partout, on peut observer les effets dévastateurs de la recherche de rendement ou d'audience, érigés comme seuls paramètres. Et on ressent une sorte d'«à bout de souffle» chez des personnes épuisées par une société fondée sur la performance et l'utilitarisme. Une société en quête infinie de croissance, qui veut toujours plus et qui exige que chacun en fasse toujours davantage, sans se soucier de la qualité du travail produit, de la convivialité, du plaisir de créer ensemble et du goût du travail bien fait. On voit des hommes et des femmes transformés en outils jetables.

Toute cette évolution, le philosophe Pascal Chabot l'a traduite en mots dans son ouvrage *L'Âge des transitions* : «Quand on privilégie la seule croissance, ce qui était multiple se déséquilibre et s'ordonne au service d'un but unique. […] L'humain n'est plus cette fin en soi que tout humanisme réclame mais un simple élément au service du désir de croissance[1].» La lecture de ce livre est un cadeau, une invitation à emboîter le pas aux groupes de transition qui émergent, à ceux qui refusent que leur vie soit guidée par des impératifs technologiques et économiques. Ceux qui cherchent à comprendre et à interpréter les changements en cours et à se concentrer sur les moyens et non sur les fins, en prônant, par exemple, une agriculture durable respectueuse des êtres vivants et de leurs relations.

Dans un itinéraire de transition, il s'agit pour nous d'aller «au-delà». Au-delà de l'empire de l'utile pour redonner du sens à ce que nous faisons et inventer un futur plus solidaire. Sans rupture brutale, sur un mode conscient, en tâtonnant et en expérimentant d'autres voies, en cherchant une croissance qui ait un sens collectif, et en puisant dans ce que nous aimerions voir advenir pour modifier le présent. «Le futur offre à la pensée des reflets d'avenir», écrit Pascal Chabot. Le philosophe propose de soulever le voile utilitariste qui recouvre le monde pour pratiquer une culture du subtil, du dissimulé, du recouvert, de ce que nous ne voyons pas : la trame qui sous-tend nos vies. Un état d'esprit qui privilégie la finesse, la sensibilité aux signes et aux détails, le rapport authentique à l'autre, à travers une amitié, une empathie, une solidarité. «L'altruisme est la clé de la conscience», affirme Pascal Chabot.

Présence au monde, altruisme, transition intérieure, trame de l'existence, une nouvelle utopie ? Non, un nouveau paradigme qui remet l'humain à sa place : nous ne sommes pas les êtres suprêmes autocentrés que nous pensons être depuis le siècle des Lumières, mais des êtres vivants dépendant des autres et de la nature.

---

1. *L'Âge des transitions* de Pascal Chabot, PUF, 2015.

Mettez du yin et yang dans vos projets

Tracez deux colonnes. Énoncez à haute voix un problème qui vous préoccupe, sous la forme d'une question qui commence par : «Que me faut-il pour… ?» Soyez le plus complet possible dans votre formulation. Puis, dans chaque colonne ci-dessous, entourez les trois mots qui vous semblent prioritaires pour vous permettre d'avancer dans votre quête. Yin et yang sont interreliés.

YIN	YANG
écoute	efficacité
accueil	décision
compréhension	structure
douceur	organisation
patience	planification
créativité	résultat
nuance	objectif
souplesse	courage
tolérance	volonté
ouverture	détermination
amour	compétence
lien	discernement

La dynamique des constellations

Dans son poème *Un Coup de dés* (1897), Stéphane Mallarmé explore l'espace de l'écriture et, de manière métaphorique, les fondements de l'existence humaine : «Un coup de dés jamais n'abolira le hasard, excepté peut-être une constellation.» Ce qui fonde l'écrit, ce n'est pas l'utilisation d'un signe, mais le réseau que crée ce signe avec ceux qui l'avoisinent. De même, ce qui fonde notre existence, c'est le réseau de relations dans lequel nous évoluons depuis notre naissance. L'écriture et l'existence se rejoignent en un mot : « constellation ». Nous sommes tous reliés par une sorte de lien stellaire. C'est en favorisant la prise de conscience de ce lien que les constellations permettent de reconnaître les dynamiques qui nous animent. Tout système (entreprise, organisation, famille, etc.) est un champ de force vivant, traversé d'interactions, de péripéties, d'énergie en mouvement. Par la technique des constellations, on interroge les rouages inconscients et la « mécanique » sous-jacente.

Les constellations se fondent sur l'observation de l'équilibre entre trois principes fondamentaux :

- le premier, le droit d'appartenance, signifie que chaque membre du système a droit à une place. L'exclusion, le rejet, un licenciement... rompent l'harmonie du système, comme quand on coupe un des fils d'un mobile d'enfant ;
- le deuxième principe est qu'il faut un équilibre donner/recevoir au sein d'un même système. Prendre trop, donner trop, ne pas donner beaucoup et ne pas prendre ont un effet déstabilisateur ;
- le troisième principe, c'est l'ordre d'arrivée dans le système. Ainsi, le fondateur d'une entreprise sera toujours premier par rapport à un directeur, même s'il n'est plus présent. *Idem* pour l'aîné dans une fratrie...

Pratique d'une constellation

- Pour entrer dans l'expérience d'une constellation, identifiez une demande précise que vous avez envie de travailler, ainsi que le ressenti qui y est attaché. Sans une définition très claire de l'objectif ou du but à atteindre, la constellation risque de piétiner ou de perdre de sa pertinence. Votre demande doit être formulée par une question qui commence par : « Que me faut-il pour… ? » N'hésitez pas à reformuler la question en profondeur en tenant compte de tous les composants et de vos sensations.

- Déterminez toutes les personnes ou éléments que vous considérez comme parties prenantes dans le système de la question, l'important étant de révéler l'équilibre total du système et non un seul de ses éléments. Choisissez une grande feuille de couleur pour chacune des parties prenantes, faites une grande incision triangulaire au centre des feuilles et disposez-les au sol, sur un grand tapis, en commençant par votre propre feuille.
- Observez comment vous avez placé les feuilles, puis placez-vous sur la vôtre (votre focus) et voyez ce que vous ressentez. Est-ce la juste place pour vous ? Puis placez-vous sur chacune des autres feuilles et, à chaque fois, écoutez vos sensations. Déplacez ce dont vous avez besoin pour répondre à votre question et observez quel est votre ressenti. Si besoin, déplacez encore l'une ou l'autre feuille jusqu'à ce que vous vous sentiez bien sur votre propre feuille.
- Le processus progresse peu à peu avec, à chaque étape, l'écoute des émotions et des ressentis. Puis toutes les parties du système finissent par s'équilibrer. C'est une belle approche pour aboutir à la juste place et à l'équilibre des éléments.
- La configuration finale permet d'obtenir une vision harmonieuse de vos projets déployés devant vous dans l'espace. Quand le projet devient visible, il y a une ouverture des possibles.

Je célèbre la vie

La joie est une émotion qui procure satisfaction, sérénité et bien-être. On la dit provenir du plaisir d'être vivant et elle est, à ce titre, une force vitale pour chaque individu et, *a fortiori,* pour chaque équipe. La joie garde une âme d'enfant, la joie est une énergie positive, la joie est un état d'esprit qui se cultive. Et pourtant, force est de constater qu'aujourd'hui on parle plus de stress, de burn-out, de démotivation… Soumis à la pression, à la concurrence, à la performance, aux difficultés relationnelles, à la course contre le temps, nous avons peu de place à accorder à la joie !

Trop souvent, et en particulier au travail, la joie est suspecte, comme si elle indiquait un manque de sérieux. Faut-il afficher un air préoccupé ou être stressé pour être reconnu comme fiable ? Est-il tellement farfelu de vouloir allier joie et efficacité ?

Et si, au contraire, la joie était un carburant d'énergie durable ? Et si c'était plutôt un des facteurs de succès individuel et collectif ? Et si la joie stimulait les motivations et dynamisait les équipes ? Et si elle diminuait le stress ? Et si elle était contagieuse ?

Ode à la joie

La joie est un véritable moteur pour la dynamique d'un couple, d'une fratrie ou d'une équipe, en rassemblant les énergies, en optimisant la créativité, en stimulant l'audace et en créant une force intérieure chez ceux qui la cultivent. D'où l'intérêt de favoriser et d'organiser son expression, aussi souvent que possible, en accordant une importance toute particulière à la célébration, même symbolique, des succès, petits et grands, que nous rencontrons au travail ou dans notre vie. La célébration est une marque de reconnaissance de soi à soi ou de soi à l'autre. Elle «booste» l'estime de soi. Quand un travail est félicité et reconnu, quand un succès est fêté, quand une étape est franchie et célébrée, les équipes se retrouvent dans cette énergie positive de la joie. Elles sont contentes d'elles-mêmes, elles marquent, de cette manière, les étapes et se voient dès lors avancer. Il en est de même pour chaque individu : célébrer les petits pas et se féliciter offre des occasions de se réjouir et de côtoyer la joie.

Afin de maintenir la motivation, sans même la renforcer, il faut trois *feed-back* positifs pour un négatif ! Une victoire à un défi lancé par l'entreprise ou l'équipe, un objectif personnel accompli, un contrat signé avec un nouveau client très important, ou une simple journée particulièrement bien réussie… Que le succès soit grand ou petit, ne nous privons pas de féliciter chaleureusement notre équipe et mettons l'accent sur le plaisir que nous avons ressenti personnellement dans cette réalisation. Ensuite, prenons du recul pour examiner et déterminer les facteurs de ce succès, et uniquement ceux-là. Afin de nous donner toutes les chances de réussir encore à l'avenir ce qui a été réussi cette fois-ci ! Puis attachons-nous à nous projeter dans l'avenir – ce que ce succès nous permettra de faire encore mieux dans le futur – comme à nous réjouir de l'instant présent – le plaisir de ce que nous venons de réussir.

Globalement, il s'agit de capitaliser sur les réussites et de les modéliser au lieu de stigmatiser les défauts et les erreurs, de prendre le contre-pied des modes éducatifs et managériaux évaluatifs et jugeants fondés sur la résolution des problèmes. De mettre en place l'hédoperformance, un choix de management et de vie qui repose sur une posture d'optimisme et de proactivité. Au-delà de l'énergie générée par ces célébrations, la réussite donne confiance (en soi, en l'équipe et en ses projets), donne du rythme, atteste la cohérence de l'ensemble des démarches et, surtout, creuse le sillon de nouveaux succès. Ainsi, l'estime de soi comme l'estime des autres (puisque je me rends compte de ce qu'ils ont apporté) sont nourries pour développer le plaisir de travailler ensemble, la confiance dans la capacité commune à atteindre les objectifs. Tout cela afin de modéliser la recette, de mutualiser les expériences, de chercher comment « faire plus de ce qui marche bien », de donner de la confiance et donc de la puissance.

Raviver ma flamme de vie

La motivation, l'élan vital, le sentiment de légitimité peuvent s'éteindre à tout moment. Acculés à être efficaces et performants à tout instant, nous perdons notre flamme intérieure et oublions qu'elle est notre source d'épanouissement.

Olivia, 47 ans, est animatrice d'un groupe de dirigeants d'entreprise. Pleine d'idéaux depuis toujours, sa joie passait jusqu'à présent par celle des autres. Chargée d'accompagner les dirigeants sur leurs pistes de progrès, elle mettait beaucoup d'énergie à préparer les rencontres, à s'assurer que chacun soit présent, à rédiger un compte rendu, à lire les évaluations de la rencontre pour réfléchir à ce qui pouvait être amélioré… Aujourd'hui, elle ne parvient plus à se réjouir de cette mission, qu'elle trouvait si belle au départ. Elle se laisse envahir par le doute, le stress, l'autocritique sur sa manière d'exercer son rôle. Sa tristesse est associée à la peur de ne jamais atteindre son but, de se sentir «à côté de la plaque». En nommant à haute voix dix situations qui l'ont rendue fière, joyeuse, elle a été surprise de sentir sa flamme intérieure se raviver. À force de se juger, elle s'était arrangée sans s'en rendre compte pour l'éteindre et n'était, par conséquent, plus du tout inspirante pour les adhérents à ses réunions.

Pour nous reconnecter à notre joie intérieure, c'est à nous d'aller la chercher et de l'accueillir dans nos petits gestes de chaque jour, notamment en posant la main à l'endroit de notre corps où on sent cette joie la plus présente. Un petit ancrage physique pour cultiver cette belle émotion. Ou retrouver une photo d'enfance où on sait combien, à ce moment précis, on se sentait profondément en joie. Regarder régulièrement cette photo, en la mettant en évidence, près de nous, est un deuxième ancrage pour nous rappeler que la joie est là à tout moment.

Le sourire, premier pas vers la joie !

- Saviez-vous que le sourire est d'abord «génétique» et inné, qu'il s'éduque ensuite en fonction de l'environnement ?
- Saviez-vous que le sourire mobilise de 17 à 42 muscles, qu'il est relié directement au cerveau *via* le siège des émotions et qu'il envoie, même forcé, en à peine soixante secondes, un message positif à notre cerveau ? Et quand on sait que celui-ci est particulièrement sensible au mode «optimiste-positif»…
- Saviez-vous que des chercheurs en psychologie sociale ont démontré par des expériences que le sourire diminuait les hormones responsables du stress et augmentait celles responsables de la bonne humeur ?
- Saviez-vous qu'à l'université de Penn State, aux États-Unis, on a découvert que le sourire inspirait une meilleure confiance en soi et faisait percevoir l'individu souriant comme plus performant ?

Plus qu'une simple grimace, le sourire agit comme un lien social et est un excellent outil de communication. Le sourire accueille l'autre, il illumine un visage, il protège de la timidité, il peut être moqueur, il rassure, il apaise… Partage, échange, complicité, joie, confiance, fierté y sont associés.

À vous de jouer !

N'attendez pas d'être heureux pour sourire, mais souriez pour l'être et faites ainsi le choix d'être confiant.

- Ce matin, vous n'avez pas la pêche : regardez-vous dans la glace et souriez. Souvenez-vous : 60 secondes et votre cerveau a compris le message !
- Vous êtes coincé dans un embouteillage : faites-vous un sourire dans le rétroviseur, puis souriez à vos voisins automobilistes.
- Vous êtes étudiant et allez passer la porte de l'examen : souriez 60 secondes et rappelez-vous que votre cerveau fonctionne mieux en mode «optimiste-positif».

- Votre moral est en baisse, l'ambiance au travail est tendue : prenez une pause et pratiquez le sourire du cœur, en respirant quelques minutes profondément. À chaque mouvement respiratoire, pensez aux mots qui vous font du bien (« calme », « sérénité », « douceur », « lenteur », « profondeur »…).

L'interreliance ou comment relier les trois sphères

Les trois parties de cet ouvrage ont éclairé l'importance de chaque sphère dans le déploiement de notre authenticité et, par-delà, dans l'émergence d'un monde plus humain.

Restaurer le lien avec soi est la première étape nécessaire pour restaurer le lien avec les autres. Ce n'est qu'en déconstruisant les croyances qui nous freinent ou qui nous masquent, en connaissant nos ressources et nos qualités, en nous reconnectant avec notre corps et notre respiration, que nous pouvons nous ouvrir et nous relier aux autres.

Nous ne sommes pas des sujets qui existent à côté des autres ou de la nature, comme nous l'ont fait croire la science classique et la philosophie des Lumières. Ils ne sont pas extérieurs à nous, mais en interaction permanente avec nous. Le lien à l'autre peut se cultiver dans la totalité de nos engagements sociaux, que ce soit en famille comme parent ou enfant, à l'école comme professeur, parent d'élève, ou élève, au travail ou dans l'espace culturel. Nous pouvons toutes et tous, à petite ou à grande échelle, retricoter le lien social et culturel, même avec des objectifs très modestes. Éveiller nos enfants à leur singularité tout en les ouvrant au dialogue ; accompagner en douceur les personnes âgées ; pratiquer l'écoute active et l'empathie ; diffuser ou relayer les actions solidaires et les initiatives porteuses d'une éthique du partage ; accueillir les populations issues de l'immigration et favoriser leur intégration.

Outre le lien à soi et aux autres, le nouveau paradigme du lien s'impose aujourd'hui dans tous les domaines des systèmes dans lesquels nous évoluons. Dans la vie professionnelle, notamment, où beaucoup refusent d'être utilisés comme forces de travail par des entreprises dont la seule logique est la spéculation et la croissance illimitée, mais veulent participer au bien-être collectif dans un univers de travail où priment relation d'égalité et responsabilité collective. Et les initiatives pleuvent, qui proposent d'autres modes d'engagement social : épiceries participatives, entreprises culturelles en autogestion, associations à haute valeur sociale, écoquartiers, projets de banques solidaires…

La vie trouve son sens profond partout où il y a du lien à nouer ou à renouer, de la sphère du soi à celle du système, en passant par celle de la relation à l'autre, qui s'alimentent l'une l'autre, en permanence. Dans la période de transition que nous vivons, il n'y a pas de recette toute faite pour cultiver cette interreliance, mais des itinéraires de sens à choisir. Nous vous proposons quelques pistes à intégrer dans votre quotidien et à compléter par vos propres expériences.

Test : êtes-vous en alignement avec vous-même ?

Pendant les deux dernières décennies, nous avons été élevés à l'aune des critères d'efficacité et de performance. Nous voulons bien faire et répondre présent, au risque d'y perdre identité, réalisation de soi et performance. Et vous, dans votre vie, vous sentez-vous aligné ou vous êtes-vous perdu en chemin ? Pour vous aider à vous situer et à vous permettre de prendre votre place et à devenir hédoperformant, voici un petit test facile à réaliser.

Cochez, parmi les affirmations ci-dessous, celles avec lesquelles vous vous sentez en accord, afin de découvrir si vous êtes en alignement avec votre moi et avec les autres.

❑ A. Je connais mes limites.

❑ C. Je me sens libre et respecté dans mes choix.

❑ B. Je crois en ce que je fais et j'arrive à convaincre mon entourage.

156

- ❑ C. Je me sens reconnu à ma juste valeur.
- ❑ A. Je suis fidèle à mes rêves d'enfant.
- ❑ B. Je me montre tel que je suis, je ne porte pas de masque.
- ❑ A. J'ai naturellement confiance en moi.
- ❑ C. Je crois en demain et ses opportunités.
- ❑ B. J'adore apprendre des autres.
- ❑ A. Je me réjouis de me lever chaque matin.
- ❑ A. Mon travail a du sens pour moi.
- ❑ B. Mes relations avec les autres sont fondées sur la confiance plutôt que sur la volonté d'avoir raison.
- ❑ C. Ce que je réalise me semble utile à la société.
- ❑ C. Mon environnement est en harmonie avec mes valeurs profondes.
- ❑ A. Dans chaque crise, je vois une opportunité.
- ❑ B. Je m'entoure de personnes avec qui je m'amuse.
- ❑ C. Face au changement, je me sens un acteur responsable.
- ❑ C. Je prends ma juste place pour me réaliser dans mon travail.
- ❑ A. Mon stress me dynamise.
- ❑ B. Je transmets spontanément mon savoir et mes expériences aux autres.
- ❑ C. J'ose prendre des initiatives pour faire avancer le monde qui m'entoure.
- ❑ B. J'aime partager mon enthousiasme.
- ❑ B. Dire ce que l'on pense permet d'éviter le stress négatif.
- ❑ A. Je concrétise mes projets et mes passions.

Pour chaque affirmation cochée, entourez votre réponse. Faites votre total de A, B et C et découvrez votre profil.

Résultat

Si vous avez une minorité de A : vous devez revitaliser votre sphère du moi. Votre potentiel n'est pas pleinement déployé. Vous dépassez souvent vos limites ou ne les connaissez pas. Le regard porté sur vous-même est jugeant, vous avez tendance à vous sous-estimer. Pourtant, vous êtes plein d'atouts !

Nous vous conseillons trois bonnes pratiques.

- Ayez un regard positif, constructif et bienveillant sur vous-même, notez un succès par jour.
- Accueillez et allez chercher les qualités que les autres vous reconnaissent, affichez-les dans votre voiture, sur votre miroir, sur le frigo.
- Acceptez vos limites pour éviter le trop, vérifiez ce qui correspond à vos priorités avant de vous lancer.

Si vous avez une minorité de B : vous devez revitaliser votre sphère relationnelle. Vous êtes confronté régulièrement à des tensions, vous préférez vous effacer et masquer qui vous êtes au profit des autres. Vous avez du mal à valoriser vos différences et à affirmer votre point de vue. Vous tombez souvent dans le piège du non-dit. Vous avez des difficultés à faire confiance aux autres. Vous préférez garder les informations pour vous plutôt que de les partager. Vous avez tendance à voir le négatif chez les autres. Vous ne comptez que sur vous-même. Pourtant, si tout seul on va plus vite, ensemble on va plus loin. Nous vous conseillons trois bonnes pratiques.

- Gardez un œil curieux sur ce que l'autre a de différent de vous et peut vous apporter, adoptez pendant 21 jours une attitude que vous appréciez chez l'autre et qui vous deviendra naturelle.
- Favorisez les contacts et le dialogue. N'attendez pas toujours des autres qu'ils viennent à vous, prenez votre téléphone ou passez dans un bureau pour dire merci ou lancer une invitation.
- Dévoilez-vous, exprimez au travail ou à votre entourage trois besoins importants pour vous et qu'ils ne connaissent pas.

Si vous avez une minorité de C : vous devez revitaliser la sphère de votre entourage (famille, entreprise, institution, association). Vous n'êtes pas à l'aise avec votre entourage et trahissez qui vous êtes vraiment. Vous êtes en décalage entre ce qui vous mobilise et ce que vous subissez. Vous pensez souvent à changer de vie, mais vous préférez invoquer les raisons qui vous empêchent de le faire et vous ne vous en donnez pas les moyens. Vous subissez vos choix et n'osez pas provoquer les opportunités. Pourtant, vous créez le monde qui vous entoure et l'impossible est temporaire.

Nous vous conseillons trois bonnes pratiques.

- Identifiez les environnements dans lesquels vous vous sentez bien et à votre juste place. Écrivez les ingrédients qui font que vous vous y sentez à votre juste place : respect de vos valeurs, reconnaissance, espace de créativité, de sérénité… Et faites vos choix en fonction de cette prise de conscience.
- Fini les résolutions, faites un plan d'action avec des étapes, des délais, et décidez de ce que vous souhaitez éliminer ou réduire afin de donner la place à ce qui vous motive vraiment ! Un projet ne se pense pas, il se vit et se construit.

Décidez de réduire ce qui vous encombre au profit de ce qui vous anime : actions, pensées et sentiments. Éliminez une action par semaine pendant deux mois.

Embrasser l'existence avec confiance

Ralentir, retrouver du temps disponible, un équilibre entre le lien avec les autres et le temps pour soi, les moments de lenteur et les moments de stimulation, c'est d'autant plus vital que la crise économique amplifie la frénésie dans laquelle nous sommes pris. Isolés derrière nos écrans, anxieux du lendemain, stressés, nous tentons de maintenir la stabilité de notre couple, de notre emploi et de notre santé. Mais, au moindre équilibre rompu, nous tombons dans la peur de la chute, du basculement, de la rupture. Comme la planète qui subit les changements climatiques, nous sommes submergés par l'angoisse du chômage, pris dans le tsunami des séparations et des divorces, ou anéantis par la maladie.

Nous nous oublions et surtout nous oublions que nous portons la vie en nous. Nous avons besoin de calme et de lenteur. De ressentir et de contempler. De partager. Et de donner du sens à tout ce que nous faisons. De privilégier les échanges en éteignant notre GSM pour écouter un ami qui se confie, en consacrant du temps à notre conjoint et à nos enfants. D'accepter les épreuves majeures de la vie, comme le chômage ou la maladie. C'est le moment de nous rappeler que nous avons le droit d'exister même quand nous ne nous sentons plus utiles dans le système dans lequel nous évoluons, même quand nous perdons notre identité de bien-portants. L'essentiel, c'est de nous rapprocher de ce que nous sommes et de surmonter les difficultés de la vie en développant notre propre art de vivre. C'est de ne pas nous laisser consumer.

Trouver sa raison d'être

Tout le monde a un *ikigai* ! Alors que certains se sentent à côté d'eux-mêmes, faire le cheminement de l'*ikigai* est un cadeau pour remobiliser notre raison d'être. Fondé au XIVe siècle, dans la région d'Okinawa, au Japon, l'*ikigai* désigne la « raison d'être » de chaque vie. Chercher son *ikigai,* c'est fouiller au plus profond de soi et regarder ce qui est réellement important pour nous, ce qui va guider nos pas, nos choix, notre épanouissement. Alors que des marchands de bonheur pleuvent autour de nous, il importe de faire la distinction entre le bonheur qui se « prescrit », souvent de manière superficielle, et la joie de vivre.

La joie de vivre est une façon d'embrasser l'existence avec confiance. Elle est plus humble, plus accessible, plus compatible avec les inévitables hauts et bas de l'existence que le bonheur, et plus durable que la possession du bien-être, car elle peut même être goûtée au cœur de la souffrance. Ce qui peut contrarier la joie de vivre, ce ne sont pas les épreuves, mais seulement le goût des désespoirs inhérents à l'être – chagrin, inquiétude, jalousie, haine et colère.

La joie de vivre procède d'abord d'un acquiescement à l'existence et au réel tel qu'il est. Elle implique l'acceptation du monde et de soi-même tels qu'ils se présentent, sans refus, sans révolte et sans aigreur. C'est un sentiment intime, une ouverture intérieure, une conviction que la vie peut gagner en toute occasion, et s'accompagne de la confiance, du détachement et même de la légèreté. *Ikigai* cristallise parfaitement cette dynamique intérieure. Il est composé de deux mots en japonais : *iki,* la « vie », et *kai,* qui signifie littéralement « la réalisation de ce que l'on attend et espère ». L'*ikigai* nous invite à nous laisser être afin qu'apparaisse notre être véritable, et à laisser la joie habiter le fond du cœur. Dès lors, il est inutile d'importer artificiellement du dehors la joie que l'on peut trouver soi-même à l'intérieur.

La philosophie de l'*ikigai* consiste à vouloir se positionner en plein centre de notre vie, au croisement de nos différents intérêts. Elle conjugue nos passions, nos carrières, nos vocations et nos missions. C'est dans cette conjonction qu'elle offre son véritable atout.

Cherchez votre *ikigai*

Prenez une feuille blanche et tracez 4 grands cercles qui s'entrecroisent. Ensuite, complétez les cercles en répondant aux 4 questions suivantes.

- Qu'est-ce que vous aimez ? Quels aspects de votre vie vous font vraiment sentir vivant ?
- En quoi êtes-vous bon ? Quel est votre talent ? Qu'est-ce que vous réussissez naturellement, sans grands efforts ?

- De quoi le monde a-t-il besoin et que vous pourriez lui apporter ? Quelle cause voulez-vous défendre ? Pour quoi donneriez-vous votre vie ? Qu'est-ce qui vous rend triste ? Quel changement voudriez-vous apporter dans le monde ?
- Pour quoi êtes-vous payé ? Quelle valeur ajoutée pouvez-vous apporter aux autres ? Quel service pourriez-vous rendre qui apporterait quelque chose aux autres ? Pour quoi seraient-ils prêts à vous payer ?

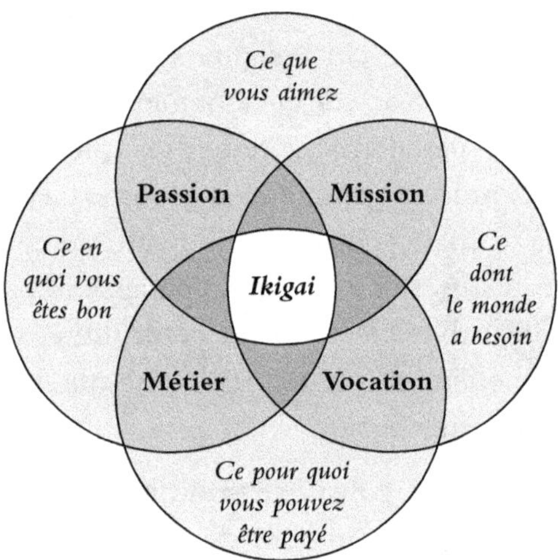

Prenez quelques minutes pour écrire les mots-clés, les phrases et toutes les idées qui vous viennent naturellement pour chaque cercle, puis regardez comment les cercles peuvent se relier les uns aux autres. Prenez le temps pour arriver au centre des cercles et laissez votre esprit libre de vous orienter dans la direction qu'il souhaite. Identifiez chacun des cercles, puis leurs croisements, et trouvez progressivement votre *ikigai,* le dénominateur commun de votre raison d'être et de la vie qui bat en vous. Il se révélera naturellement et vous appellera à l'action d'une manière claire, comme si c'était la seule voie à suivre pour vous. Quand cela arrivera, vous trouverez presque impossible de résister à l'envie de suivre le chemin sur lequel vous conduisent votre cœur et votre tête.

Prévenir le burn-out

Le burn-out, c'est une perte d'alignement des trois sphères. C'est un mal global lié à une évolution sociétale qui tourne carré plutôt que rond. On a besoin de se repositionner car on est passé d'une organisation collective à une énergie d'individuation. Aujourd'hui, les gens manquent de repères et doivent trouver leurs points d'appui en eux-mêmes. Il y a aussi une fragilisation du lien social, une perte de dynamique relationnelle à force de baigner dans les réseaux sociaux, dans le surlien. Enfin, il y a une survalorisation du présent, de l'immédiateté. Tout est pour tout de suite, avec pour corollaire une grande difficulté à s'inscrire dans le temps. Le burn-out n'est pas un état dépressif, c'est quelque chose qui se vit à un moment donné et peut s'accompagner pour se terminer, alors que l'état dépressif, plus pathologique, pourrait se rejouer ou se revivre de façon plus récurrente. Le burn-out, c'est comme une incohérence, un désalignement, une consumation de soi de l'intérieur.

Le concept de l'hédoperformance relie plaisir et performance. Car c'est le plaisir qui engendre la performance et non l'inverse. Pour avoir du plaisir, il faut bien sûr de la convivialité et de la passion, mais surtout de la cohérence, pour ne pas tomber dans l'excès. Or, le burn-out, c'est de l'excès. Comment le prévenir ? En agissant sur les trois sphères.

- La première sphère, c'est « moi par rapport à moi » : comment je m'aime, comment je connais mon impact, comment je génère mon stress, comment je l'évite… La démarche consiste donc à voir s'il s'agit d'un burn-out individuel. Si c'est le cas, il s'agit de s'affranchir de la pression et du regard des autres, ou de ses blessures d'enfance, et de se sentir autonome.

- La deuxième sphère, c'est moi dans la relation aux autres : le burn-out peut être déclenché par une mauvaise relation avec son conjoint, ses enfants, ses collègues, ses collaborateurs, ses amis. Dans la prévention du burn-out relationnel, on s'assure de la façon dont les liens s'articulent et rendent chacun important. On s'assure qu'on a de la valeur l'un pour l'autre. On se remercie, on se félicite, on s'offre de la reconnaissance.

- La troisième sphère, c'est le burn-out systémique : qu'est-ce qui fait qu'aujourd'hui nous continuons à nous enchanter pour les systèmes dans lesquels nous évoluons : famille, entreprise, organisation, association… Comment ces systèmes permettent-ils à chacun de se réaliser ? Si nous ne nous retrouvons plus du tout avec les valeurs de notre organisation, si nous sommes en perte de sens ou de vision ou de projet, nous nous sentirons désalignés et en incohérence. Dans la prévention par l'hédoperformance, c'est l'alignement, la fluidité, la cohérence entre l'autonomie, l'énergie du lien et la juste place à prendre qui sont travaillés et reliés.

Les trois sphères visent à identifier là où le bien-être pourrait coincer. Un autre outil de diagnostic de l'hédoperformance s'inspire de l'analyse des tendances sociétales réalisée par Martine Clerckx (voir p. 141). Ces deux outils sont un moyen de nous déculpabiliser et de prendre conscience que nous sommes tous concernés par cette pathologie sociétale. Et si le burn-out est contagieux, la prévention peut l'être aussi.

Rester debout

Accessibles en permanence *via* nos smartphones ou le Web, écrasés sous une charge de travail qui ne cesse d'augmenter pour assurer la rentabilité d'entreprises confrontées à une crise qui se prolonge, inquiets de maintenir malgré tout une vie familiale et sociale riche et équilibrée, nous surfons sur la vague de nos vies, tels des mâts de bateau noyés dans une tempête et mus par un seul désir : rester debout ! Le mot «burn-out» est entré dans notre langage courant comme une fatalité qui nous menace toutes et tous. La situation est paradoxale car, par ailleurs, le bonheur a la cote, prôné comme un but à atteindre et une valeur essentielle. Être heureux et travailler seraient-ils donc devenus incompatibles? Bien au contraire, des hommes et des femmes les relient par un travail de coaching ou d'accompagnement personnel pour rester en verticalité avec eux-mêmes, fidèles à ce qu'ils sont, et cultiver bonheur et optimisme. Car, dans cette approche fondée sur l'hédoperformance, il ne s'agit pas de rester debout comme des chênes inflexibles pour résister à la tempête et éviter le naufrage, mais comme des personnes à part entière, en alignement avec ce qu'elles sont. Au sein d'entreprises ou d'organisations qui interconnectent les générations, les talents et les aspirations, chacun peut trouver sa juste place, loin du modèle tayloriste qui prévaut encore et qui fait de nous de simples maillons de la chaîne du rendement.

Une nouvelle utopie? Non, un nouveau paradigme qui remet l'humain au cœur des organisations et revient à des vérités simples : nous ne faisons bien notre travail que quand celui-ci nous fait du bien. Et il nous fait du bien quand il répond à nos besoins essentiels : le sens, la reconnaissance et la responsabilité. Ce sont les fondements de notre maintien en station debout. En fait, il n'y a pas de bon ou de mauvais métier, il y a le métier qui nous convient, nous procure du plaisir et dans lequel nous nous retrouvons. Il y a la reconnaissance de ce que chacun apporte d'unique par son travail et par son être, et il y a ce que nous apprenons quotidiennement des uns et des autres.

Rester debout, oui, mais ensemble. La grande équation contemporaine est : comment être libres ensemble ?

Choisir la sincérité

Osez-vous dire tout ce que vous pensez ? Comment le faites-vous ? En vous disant «C'est à prendre ou à laisser» ou en tenant compte de la disponibilité de l'autre ? C'est quoi, la franchise ? Est-ce être honnête avec soi-même en disant tout ce que l'on pense, quel que soit l'impact sur la relation à l'autre ? «Tu ne t'occupes jamais de l'entretien de la maison», «J'en ai marre de ranger toujours derrière toi», «Tu ne penses qu'à toi», «Tu es toujours en retard», «Tu ne me laisses pas m'exprimer», «Et où étais-tu encore ce soir ?»… Telles sont les invectives que bon nombre d'entre nous lâchent quand nous avons le sentiment que la goutte fait déborder le vase. D'autres, *a contrario,* se taisent et répriment leur colère ou leur tristesse, par peur de déplaire, de perdre l'estime de l'autre ou de détruire le lien.

Tout se passe souvent comme s'il n'y avait que deux modes de communication possibles : la soumission à l'autre, en évitant toute parole conflictuelle, ou l'agressivité, en déversant sur elle ou lui nos propres frustrations et nos manques. Comme si toutes nos relations étaient fondées sur des rapports de force. La vie est une lutte, il faut se battre pour survivre. Cette vieille croyance guerrière, renforcée par l'esprit de compétition qui meut notre société et qu'on nous inculque dès l'enfance, formate depuis trop longtemps nos pensées. Avec pour conséquence que, dans nos relations familiales, amicales ou professionnelles, nous ne nous référons qu'à des modèles de colère retenue ou explosive. Inconsciemment, nous sommes amenés à penser que, quand il y a conflit, il y a ennemi. Or parler, même au risque d'un malentendu ou d'une dispute, c'est le socle de notre humanité. Comme l'explique le psychanalyste Jean Van Hemelrijck dans *La Malséparation*[1], la parole nous fait quitter le biologique pour entrer dans l'humain. Raconter notre histoire, la croiser avec celle des autres, cela nous permet de nous inscrire dans la durée. Il nous faut sans cesse, même en cas de séparation ou de conflit, continuer à exister de manière narrative. Le combat ou l'agressivité ne sont pas nos seules alternatives. Nous pouvons exprimer nos désaccords et cohabiter dans nos différences. Quitter le combat des ego («J'ai raison et tu as tort») et créer du «nous». Mais, pour ne pas projeter nos frustrations sur l'autre et pour être sincère, il faut d'abord que nous apprenions à savoir qui nous sommes : quelles sont les valeurs qui nous portent ? Comment vivre en cohérence avec elles ? Qu'est-ce que nous aimerions vivre ? Qu'est-ce qui nous attriste ? Qu'est-ce qui nous réjouit ? Qu'est-ce qui donne du sens à notre vie ? Quelles sont nos peurs et nos croyances qui nous empêchent d'aller vers ce que nous aimons ? Il faut apprendre à se connaître

---

1. *La Malséparation* de Jean Van Hemelrijck, Éditions Payot, 2016.

pour pouvoir décider ce que l'on dit et montre de soi. Pour être franc et sincère, il faut d'abord faire la paix avec soi car les conflits que nous vivons à l'extérieur sont les reflets de conflits que nous portons en nous. Nous avons besoin de les observer et de les pacifier pour sortir du besoin de convaincre l'autre ou de le manipuler.

Il ne s'agit pas de mettre le conflit au placard, mais au contraire de le considérer comme fécond. Si nous sommes bien ancrés et cohérents avec ce que nous savons de nous, le conflit nous apporte l'opportunité d'éviter les pensées qui se referment sur elles-mêmes, l'occasion de nous ouvrir à d'autres manières de voir les choses et de changer de position. Nous pouvons exprimer en toute franchise à la personne avec laquelle nous sommes en désaccord (conjoint, ami, collègue) quelle est notre position et écouter la sienne jusqu'au bout : toi tu penses cela, et moi ceci. Nous pouvons ensemble trouver une tierce position et assouplir nos croyances négatives mutuelles. Arriver à se dire en toute sincérité pour rencontrer vraiment l'autre, par-delà la friction ou la colère, cela demande du travail, de l'engagement. D'autant que nous manquons de modèle et que nos systèmes éducatifs ne nous apprennent pas ou trop peu encore à améliorer la qualité de la relation avec nous-mêmes et avec les autres. À nous d'inventer et d'apprendre à exprimer nos désaccords avec une franchise bienveillante, douce et respectueuse.

Réconcilier tête et cœur

Savez-vous quel est le chemin le plus long du monde ? Trente centimètres ! C'est celui qui mène de la tête au cœur, c'est celui qui réconcilie la raison avec le plaisir. Tête et cœur ne font pas toujours bon ménage. Alors que la première nous conduit à fabriquer des croyances, des vérités, des jugements, des *a priori,* du contrôle, notre cœur nous invite à tout l'inverse : la confiance, l'estime de nous, l'audace, l'intuition, le lâcher-prise… C'est le socle de notre paix intérieure, de notre fluidité dans les relations, de notre bien-être dans la vie. Les êtres humains ont besoin d'avoir un lien émotionnel avec ce qu'ils font. Et si ce qu'ils font, ils le font avec plaisir, alors leur performance n'en sera que plus forte. En ce sens, il y a une vraie urgence à réconcilier la tête et le cœur dans les systèmes dans lesquels nous vivons. Bon nombre de personnes tentent déjà de se développer de façon positive et authentique : en cherchant à mieux se connaître et se motiver durablement, en créant une intelligence relationnelle fondée sur les complémentarités, moins sur les oppositions, et en développant une intelligence émotionnelle avec les autres.

Et comme nous récoltons bien souvent ce que nous avons semé, chacun est invité à adopter une philosophie de vie positive, car notre entourage n'en deviendra que plus positif. Soyons donc des acteurs enthousiastes dans les groupes dans lesquels nous sommes engagés et apportons-y cette touche unique qui enrichit le système.

L'âge de raison n'est pas celui des années mais celui de l'âme. Mettons notre authenticité en éveil et n'oublions pas, pour vivre nos différentes étapes de vie ou passages, que nous avons un vrai trésor intérieur qui ne vieillit jamais : notre capacité d'aimer, notre capacité d'apprendre, notre capacité de créer, notre capacité de transmettre et notre capacité de savourer.

Vers une nouvelle éducation

Pour intégrer les grands changements à l'œuvre dans notre société, déployer un nouveau paradigme fondé sur le lien, l'authenticité et l'amour inconditionnel, l'éducation et l'enseignement sont des canaux privilégiés. L'éducation a aujourd'hui pour fonction non de formater l'enfant ou d'en faire un premier de la classe, mais de l'accompagner dans ses apprentissages, de le mettre en lien avec lui-même en cultivant avec lui la pratique du dialogue. En lui permettant d'expérimenter la valeur de la solidarité, le plaisir de ce qu'on réussit ensemble. Cela veut dire que le parent, l'enseignant, le formateur ou le facilitateur doit changer de posture et modifier les fondements du message transmis à ceux qui grandissent. L'enseignement devrait désormais avoir pour but de valoriser les compétences différentes, la créativité, l'entraide, la capacité de trouver sa voie parmi la multitude de chemins possibles. Il n'y a en effet pas une seule voie, car nous sommes des êtres pluriels et la vie est un flux constant. Ce n'est pas, nous le savons, un long fleuve tranquille mais un parcours semé d'embûches, d'erreurs, de séparations et de deuils. Pour les accepter et les considérer comme des occasions de mettre en œuvre nos propres ressources, il faut que nous nous sentions libres de nous tromper et de progresser. Il faut que nous nous sentions aimés et non jugés, que nos apprentissages se fassent dans un environnement apaisant, sous un regard compréhensif et bienveillant.

Pour progresser dans notre quête, explorer toutes les parties de nous-mêmes, faire nos choix et les réorienter, il ne faut plus nous brusquer ou nous comparer, mais nous accueillir dans nos singularités et selon nos rythmes propres. Il est vital de fonder des espaces d'apprentissage plus équitables, plus heureux, plus performants, aptes à nous apprendre à relier en permanence les trois sphères de l'hédoperformance, depuis la maternelle jusqu'à tous nos cycles de formation académique, professionnelle ou expérientielle. Nous avons besoin, pour construire une société écologique, coopérative et juste, de développer notre capacité au bonheur, à l'épanouissement, au savoir-être, nos talents propres, nos passions et la façon dont nous pourrons les mettre au service de la communauté humaine.

Bibliographie

ACHOR Zwan, *Comment devenir un optimiste contagieux*, Paris, Belfond, 2012.

ANDRÉ Christophe, *Méditer jour après jour 25 leçons pour vivre en pleine conscience*, Paris, L'Iconoclaste, 2011.

ANDRÉ Christophe, KABAT-ZIN Jon, RABBI Pierre, RICARD Matthieu, avec Ilios KOTSOU et Caroline LESIRE, *Se changer, changer le monde*, Paris, L'Iconoclaste, 2013.

BARRETT Richard, *Libérer l'âme de l'entreprise*, Louvain-la-Neuve, De Boeck Supérieur, 2003.

BARRIER Gérard, *La Communication non verbale. Comprendre les gestes : perception et signification*, Paris, ESF Éditeur, 2014.

BARTHES Roland,
  Le Degré zéro de l'écriture suivi de Nouveaux essais critiques, Paris, Seuil, 1953.
  L'Empire des signes, Paris, Skira, 1970.
  Mythologies, Paris, Seuil, 1957, rééd. augmentée 2010.

BAUMGARTNER Dominique, *L'Insconscient dans la relation en entreprise*, Malakoff, Dunod, 2011.

BIDAR Abdennour, *Les Tisserands : réparer ensemble le tissu déchiré du monde*, Paris, Les Liens qui libèrent, 2016.

BOURBEAU Lise,
> *Les 5 blessures qui empêchent d'être soi-même*, La Salette-Saint-Jérôme (Québec), Éditions Etc Inc., 2013.
> *La Guérison des 5 blessures*, La Salette-Saint-Jérôme (Québec), Éditions Etc Inc., 2015.

CHABOT Pascal,
> *Global burn-out*, Paris, PUF, 2013.
> *L'Âge des transitions*, Paris, PUF, 2015.

CLERCKX Martine, *Petit Traité des tendances sociétales*, Wavre (Belgique), Éditions Mols, 2014.

COVEY Stephen M. R., *Le Pouvoir de la confiance*, Paris, First Éditions, 2008.

DEBRAY Régis, *Un candide en Terre sainte*, Paris, Gallimard, 2008.

DESCOLA Philippe,
> *Par-delà nature et culture*, Paris, Gallimard, 2005.
> *La Fabrique des images*, Paris, Musée du quai Branly/Somogy Éditions d'art, 2010.

DURAND Gilbert, *Les Structures anthropologiques de l'imaginaire*, Malakoff, Dunod, 1960.

ELIADE Mircea, *Aspects du mythe*, Paris, Gallimard, 1963.

GOUNELLE Laurent, *L'homme qui voulait être heureux*, Paris, Pocket, 2010.

GUEGUEN Catherine,
> *Pour une enfance heureuse*, Paris, Pocket, 2015.
> *Vivre heureux avec son enfant*, Paris, Robert Laffont, 2015.

HUSTON Nancy, *Reflets dans un œil d'homme*, Arles, Actes Sud, 2012.

JACQUARD Albert, *Moi et les autres : initiation à la génétique*, Paris, Seuil, 2009.

JACQUARD Albert et AMBLARD Hélène, *Réinventons l'humanité*, Paris, Sang de la Terre, 2013.

JANSSEN Thierry,
   Le Travail d'une vie, Paris, Robert Laffont, 2001.
   Vivre en paix : comment transformer la peur en amour, Paris, Robert Laffont, 2003.
   La Solution intérieure : vers une nouvelle médecine du corps et de l'esprit, Paris, Fayard, 2006.
   Le Défi positif, Paris, Les Liens qui libèrent, 2011.
   Confidences d'un homme en quête de cohérence, Paris, Les Liens qui libèrent 2012.

JOLLIEN Alexandre,
   La Philosophie de la joie, Paris, Textuel, 2008.
   Le Philosophe nu, Paris, Seuil, 2010.

JOLLIEN Alexandre, avec RICARD Matthieu et ANDRÉ Christophe, *Trois Amis en quête de sagesse*, Paris, L'Iconoclaste/Allary Éditions, 2016.

KOTSOU Ilios,
   Petit Cahier d'exercices de pleine conscience, Genève, Éditions Jouvence, 2015.
   L'Éloge de la lucidité, Paris, Robert Laffont, 2015.

LUYCKX GHISI Marc, *Surgissement d'un nouveau monde*, Paris, L'Harmattan, 2012.

MAALOUF Amin, *Les Identités meurtrières*, Paris, Grasset, 1998.

MALLARMÉ Stéphane, *Un coup de dés jamais n'abolira le hasard*, poème paru dans le n° 17 de la revue *Cosmopolis*, éditée dans sa version française par Armand Colin, 1897.

Milis Marie, *Loué soit je : pratiques de l'autolouange pour tous*, Villeneuve-en-Perseigne, Le Grand Souffle, 2016.

Mucchielli Roger, *Communications et réseaux de communication*, Paris, ESF, 1999.

Nepo Mark, *L'Art de l'écoute, à la rencontre du sacré*, Paris, Guy Trédaniel, 2015.

Peters Suzanne et Dr Mesters Patrick, *Vaincre l'épuisement professionnel*, Paris, Robert Laffont, 2007.

Pitelet Didier, *Le Prix de la confiance : une révolution humaine au cœur de l'entreprise*, Paris, Eyrolles, 2013.

Rabbi Pierre,
Vers la sobriété heureuse, Arles, Actes Sud, 2014.
La Convergence des consciences, Paris, Le Passeur Éditeur, 2016.

Salomé Jacques, *Le Courage d'être soi : l'art de communiquer en conscience*, Paris, Pocket, 2001.

Serres Michel, *Petite Poucette*, Paris, Éditions Le Pommier, 2012.

Van Hemelrijck Jean, *La Malséparation*, Paris, Éditions Payot, 2016.

Wittezaele Jean-Jacques, *L'Homme relationnel*, Paris, Seuil, 2003.

Dans la collection «Comprendre et agir» :

Brigitte Allain Dupré, *Guérir de sa mère*

Juliette Allais,

Décrypter ses rêves

Guérir de sa famille

Amour et sens de nos rencontres

Au cœur des secrets de famille

Juliette Allais, Didier Goutman, *Trouver sa place au travail*

Bénédicte Ann, *Arrêtez de vous saboter*

Dr Martin M. Antony, Dr Richard P. Swinson, *Timide ? Ne laissez plus la peur des autres vous gâcher la vie*

Laurence Arpi, *Mon corps a des choses à me dire*

Bernard Anselem, *Je rumine, tu rumines… nous ruminons*

Lisbeth von Benedek,

La Crise du milieu de vie

Frères et sœurs pour la vie

Éric Bénevaut, *Perverses narcissiques*

Valérie Bergère, *Moi ? Susceptible ? Jamais !*

Marcel Bernier, Marie-Hélène Simard, *La Rupture amoureuse*

Gérard Bonnet, *La Tyrannie du paraître*

Jean-Charles Bouchoux, *Les Pervers narcissiques*

France Brécard, *Se libérer des relations toxiques*

Sophie Cadalen, *Aimer sans mode d'emploi*

Marie-Joseph Chalvin, *L'Estime de soi*

Cécile Chavel, *Le Pouvoir d'être soi*

Claire-Lucie Cziffra, *Les Relations perverses*

Karine Danan, *S'aimer sans se disputer*

Michèle Declerck, *Le Malade malgré lui*

Flore Delapalme, *Le Sentiment de vide intérieur*

Ann Demarais, Valérie White, *C'est la première impression qui compte*

Marie-Estelle Dupont, *Découvrez vos superpouvoirs chez le psy*

Alain Durel, *Cultiver la joie*

Sandrine Dury, *Filles de nos mères, mères de nos filles*

Micki Fine, *Aime-moi comme je suis*

Jean-Michel Fourcade, *Les Personnalités limites*

Laurie Hawkes,
La Peur de l'autre
La Force des introvertis

Steven C. Hayes, Spencer Smith, *Penser moins pour être heureux*

Jacques Hillion, Ifan Elix, *Passer à l'action*

Mary C. Lamia, Marilyn J. Krieger, *Le Syndrome du sauveur*

Lubomir Lamy,
L'Amour ne doit rien au hasard
Pourquoi les hommes ne comprennent rien aux femmes…

Jean-Claude Maes,
L'Infidélité
D'amour en esclavage

Virginie Megglé,
Les Séparations douloureuses
Face à l'anorexie
Entre mère et fils

Bénédicte Nadaud, Karine Zagaroli, *Surmonter ses complexes*

Ron et Pat Potter-Efron, *Que dit votre colère ?*

Patrick-Ange Raoult, *Guérir de ses blessures adolescentes*

Daniel Ravon, *Apprivoiser ses émotions*

Thierry Rousseau, *Communiquer avec un proche Alzheimer*

Alain Samson,
> *La Chance tu provoqueras*
> *Développer sa résilience*

Steven Stosny Ph. D., *Les Blessées de l'amour*

Dans la collection «Les chemins de l'inconscient», dirigée par Saverio Tomasella :

Véronique Berger, *Les Dépendances affectives*

Christine Hardy, Laurence Schifrine, Saverio Tomasella, *Habiter son corps*

Barbara Ann Hubert, Saverio Tomasella, *L'Emprise affective*

Martine Mingant, *Vivre pleinement l'instant*

Gilles Pho, Saverio Tomasella, *Vivre en relation*

Catherine Podguszer, Saverio Tomasella, *Personne n'est parfait !*

Saverio Tomasella,
> *Faire la paix avec soi-même*
> *Le Sentiment d'abandon*
> *Les Amours impossibles*
> *Hypersensibles*
> *Renaître après un traumatisme*
> *Les Relations fusionnelles*

Dans la collection «Communication consciente», dirigée par Christophe Carré :

Christophe Carré,
> *Obtenir sans punir : Les secrets de la manipulation positive avec les enfants*
> *L'Auto-manipulation : Comment ne plus faire soi-même son propre malheur*

Manuel de manipulation à l'usage des gentils
Agir pour ne plus subir : Délogez la victime qui sommeille en vous
Bienveillant avec soi-même : Pouvoir compter sur soi

Fabien Éon, *J'ai décidé de faire confiance*

Florent Fusier, *L'Art de maîtriser sa vie*

Hervé Magnin, *Face aux gens de mauvaise foi*

Emmanuel Portanéry, Nathalie Dedebant, Jean-Louis Muller, Catherine Tournier, *Transformez votre colère en énergie positive !*

Pierre Raynaud, *Arrêter de se faire des films*

Dans la collection «Histoires de divan» :

Karine Danan, *Je ne sais pas dire non*

Laurie Hawkes, *Une danse borderline*

Dans la collection «Les chemins spirituels» :

Alain Héril, *Le Sourire intérieur*

Lorne Ladner, *Pratique du bouddhisme tibétain*

Dans la collection «Moi puissance moi», dirigée par Patrick Collignon :

Patrick Collignon,
 Heureux si je veux !
 Enfin libre d'être moi
 Merci mon stress

Xavier Van Dieren, *Réveillez vos 4 héros intérieurs*

Composé par Sandrine Rénier

Dépôt légal : septembre 2017

Imprimé en Allemagne par BoD